Hans Röper
Jörg Bauer
Thorsten Schmidt

Mit Volldampf durch den Harz

Reisen mit den Harzer Schmalspurbahnen

Schmidt BUCH

Einsteigen am Bahnhof Drei Annen Hohne

Auf einen Blick

Erlebnis Schmalspurbahn

Zu den bedeutendsten Schmalspurbahnen Deutschlands gehören die Strecken im Ostharz. Seit 1992 arbeitet das aus Harzquer- und Brockenbahn sowie Selketalbahn bestehende Unternehmen eigenständig als GmbH. An ihr sind zwei Landkreise, 16 Städte und Kommunen sowie eine Kurbetriebsgesellschaft beteiligt. Auf den Gleisen der Harzer Schmalspurbahnen (Spurweite 1 000 Millimeter) fahren überwiegend nostalgische schwarze Dampfloks der Neubaureihe aus den 1950er Jahren, ferner zwei historische Mallet-Lokomotiven sowie zwei historische und acht moderne Triebwagen. Dieselloks der Baureihe V 100 kommen kaum noch zum Einsatz.

Harzquer- und Brockenbahn

Züge der Harzquer- und Brockenbahn fahren auf der gut 60 Kilometer langen Strecke von Nordhausen nach Wernigerode bereits seit 27. März 1899. Die Endstelle der ***Harzquerbahn*** befindet sich auf dem Gelände des Hauptbahnhofes Wernigerode. Man kann in der bunten Stadt außerdem am Bahnhof Westerntor, am Haltepunkt Hochschule Harz und an der Station Hasserode sowie kurz hinter dem Ort am Haltepunkt Steinerne Renne zusteigen. Auf der relativ steilen Strecke nach Drei Annen Hohne quält sich die Lok mit einer Geschwindigkeit von etwa 25 km/h die Harzberge hinauf, wofür man eine Dreiviertelstunde einplanen muss.

Zwischen Elend und Sorge

Über die Stationen Elend, Sorge, Benneckenstein und Tiefenbachmühle gelangt man mit dem schnaufenden Dampfross an den Knotenpunkt Eisfelder Talmühle, wo man in Richtung Hasselfelde/Quedlinburg (Selketalbahn) umsteigen kann. Über Netzkater und Ilfeld verlässt die Schmalspurbahn die Berge und dampft an Getreidefeldern vorbei über Niedersachswerfen nach Nordhausen-Krimderode, Nordhausen-Altentor und schließlich Nordhausen Nord. Die gesamte Fahrt dauert gut drei Stunden. Seit 1996 gibt es einen Triebwagenfahrplan für die Strecke Ilfeld – Nordhausen Nord mit fünf zusätzlichen Haltepunkten.

Die ***Brockenbahn*** bildet den Abzweig von Drei Annen Hohne über

Schierke zum Brocken hinauf. Die Strecke quert die Kernzone des Nationalparks Harz. Seit 1. Juli 1992 fährt die Brockenbahn wieder täglich mit mehreren Zügen auf den höchsten Harzgipfel. Auf dieser Strecke sind teilweise Steigungen von 1 : 30 (ein Meter Höhenunterschied auf 30 Metern Strecke) zu bewältigen. Für eine reine Adhäsionsbahn, die also ohne helfenden Zahnradantrieb oder ähnlichem auskommen muss, eine stattliche Leistung!

Selketalbahn

Viele Natur- und Eisenbahnfreunde sind sich einig: Eine Fahrt mit der Selketalbahn bietet mehr Romantik und weckt mehr Abenteuerlust als mit der größeren Schwester Harzquerbahn. Das liegt wohl daran, dass man für die Strecke durchs Selketal besonders verwegene Trassen beschreiben musste, die weitgehend durch ursprüngliche Landschaft führen.

Mit der am 10. Mai 1886 erfolgten Gründung der Gernrode-Harzgeröder Eisenbahngesellschaft (GHE) hatte alles offiziell begonnen. Am 27. September desselben Jahres drang bereits der erste Spaten einer Hannoveraner Firma ins Erdreich des Selketals. Schon ein knappes Jahr später war die 10,2 Kilometer lange Strecke von Gernrode nach Mägdesprung fertig. Am 1. Mai 1892 war das Werk vollbracht und Hasselfelde erreicht.

Der Endpunkt der Selketalbahn ist seit 2006 Quedlinburg. Von hier verkehren Triebwagen bzw. dampfen die mit zwei oder drei Wagen bestückten Loks nach Gernrode und

Mallet vor dem Bahnhof Mägdesprung

dann weiter über Osterteich, Sternhaus-Haferfeld, Sternhaus-Ramberg sowie Mägdesprung nach Alexisbad. Hier kann man umsteigen, wenn man per Bahn das wenige Kilometer entfernte Harzgerode erreichen will. Die Fahrt geht weiter über Silberhütte, Straßberg und Friedrichshöhe sowie Albrechtshaus nach Stiege, wo seit 1984 die kleinste Wendeschleife einer öffentlichen Eisenbahn in Deutschland besteht. Von Stiege ist die nächste und letzte Station der Selketalbahn dann Hasselfelde.

Harzer Schmalspurbahnen
Friedrichstraße 151
38855 Wernigerode
☎ (0 39 43) 5 58-0
Internet: www.hsb-wr.de

Erkundungstour auf schmaler Spur

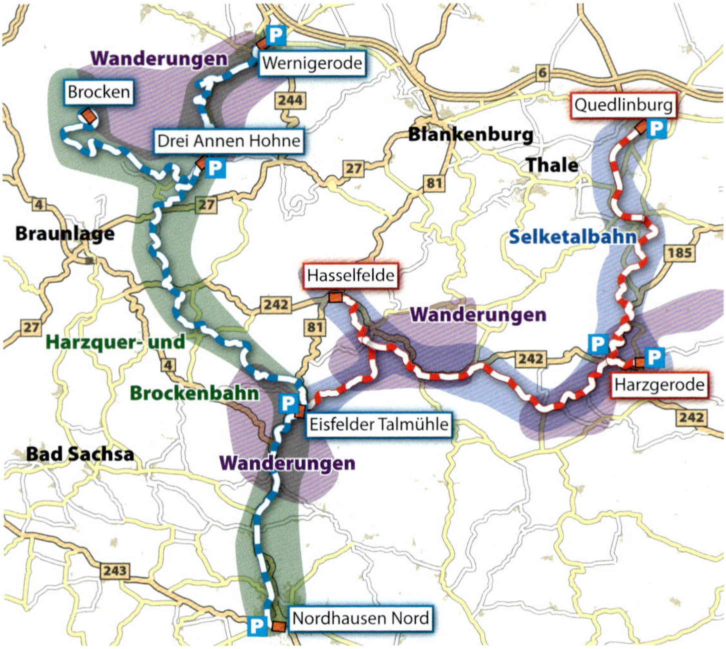

6

Nicht reibungslos begannen die Arbeiten zum Bau der Strecke zwischen Wernigerode und Nordhausen – das Gelände war schwierig und die Bewohner nicht immer begeistert. Auch die richtigen Lokomotiven und Wagen mussten erst gefunden werden. Geld spielte bei allem eine Rolle, Kriege und Wirtschaftskrisen wirkten sich auf den Betrieb aus. Jahrzehntelang fuhr kaum ein Zug zum Brocken hinauf. Die Eisenbahnexperten Hans Röper und Jörg Bauer geben zahlreiche Ereignisse und Details zur Geschichte preis.

Ganz ähnliche Höhen und Tiefen erlebte die Selketalbahn. Sie war in früherer Zeit für den Güterverkehr von höchster Wichtigkeit und damit zugleich besonders abhängig von der wirtschaftlichen Entwicklung im Land. Als Reparationsleistungen gingen viele Kilometer Gleise nach dem zweiten Weltkrieg nach Russland, sie wurden später wieder neu verlegt.

Natur und Technik kann man besonders gut bei Wanderungen verbinden. Zwölf Touren laden dazu ein. Die vorgeschlagenen Bahnfahrten lassen sich leicht anhand eines aktuellen Fahrplans individuell abwandeln.

Abfahrt eines Brockenzuges

Harzquer- und Brockenbahn

Zug der Harzquerbahn
am Eckerloch

Klettertour im Schneckentempo

Auf dem Führerstand der Harzquerbahn von Wernigerode nach Drei Annen Hohne im Jahre 1991: Tief lassen die dunklen Wolken ihre wassergefüllten Bäuche herunterhängen. Es beginnt zu nieseln. Eigentlich kein Wetter für einen Ausflug. Dennoch verharrt geduldig eine Menschenmenge auf dem Bahnhof Westerntor mit erwartungsvollem Blick in Richtung Galgenberg.

Und dann ertönt der unverwechselbare, grelle Pfeifton einer Dampflok. Wenig später biegt das schwarze, stählerne Ross neben der Straße Unter den Zindeln um die Ecke. Schnaufend rollt der Zug mit den gelb-roten Wagen herbei, passiert die Wartenden, wird zischend langsamer und bleibt schließlich kurz vor den inzwischen geschlossenen Schranken stehen.

Trotz eines dicken Wollpullovers hatte die Kühle dieses Julitages 1991 bei mir bereits für eine Gänsehaut gesorgt. Lokführer Manfred Dickhut öffnet die schwere Stahltür und lässt mich in den Führerstand der Lok klettern. Eine Welle glühend heißer Luft klatscht mir ins fröstelnde Gesicht. Ich stehe vor der offenen Feuerung und fühle mich in eine Stahlgießerei versetzt. Instinktiv dränge ich wieder an die Tür. Der Heizer lacht und lässt mit einer kurzen Handbewegung die Ofenklappe herunterschlagen.

Dann zieht Dickhut die Tür wieder ins Schloss und wartet am offenen Fenster auf das Abfahrtsignal des Fahrdienstleiters. Schnaufend und mit grell pfeifendem Warnsi-

Im Führerstand der Dampflok

Zug der Harzquerbahn
am Stillen Wasser in Wernigerode

gnal setzt sich das tonnenschwere Gefährt wieder in Bewegung. „Sind Sie Wernigeröder? – Na dann brauche ich ja nicht viel zu erzählen!" meint der Lokführer. Die Strecke ist mir von unzähligen Fahrten mit der Schmalspurbahn wahrlich bekannt. Doch von der Lok aus erlebte ich nun alles doch wie zum ersten Mal.

Mit etwa 25 km/h nehmen wir die leichte Steigung nach Hasserode hinauf, überqueren die Westerntorkreuzung, durchfahren das Spalier geduldig wartender Autos und nähern uns dem Haltepunkt Kirchstraße. Bevor hier die Fahrt fortgesetzt wird, erteilt der Zugleiter vom Westerntorbahnhof über Sprechfunk die Fahrerlaubnis. „Kirchstraße verlassen!" meldet Manfred Dickhut, während wir haarscharf an mehreren Einfamilienhäusern vorüberrollen. „Die Strecke wird operativ per Funk vom Zugleiter kontrolliert", erklärt der erfahrene Lokführer. „Er entscheidet, wann welcher Zug auf der eingleisigen Strecke fährt bzw. wartet."

Die etwa vier Quadratmeter Bodenfläche im Führerstand der Lok werden manchmal für uns drei ganz schön eng. Vor allem, wenn der Heizer zur langen, schmalen Schaufel greift und Steinkohle nachlegt. Gefeuert wurde hier übrigens schon immer mit dem besseren Brennstoff, auch als in der DDR in den meisten Heizhäusern nur minderwertige Braunkohle verbrannt werden durfte. Vermutlich wären die schweren Züge sonst nie in Drei Annen Hohne angekommen.

Samstags und sonntags bietet die HSB Gelegenheit zu einer ***Dampflokmitfahrt***. Ein fester Termin muss vorab vereinbart werden. Anmeldungen für die Harzquer- und Brockenbahn unter Tel. (03943) 558-151 und für die Selketalbahn unter Tel. (039485) 940160.

Wir haben es jetzt immerhin schon bis zum Bahnhof Hasserode geschafft. Hier springen Heizer und Lokführer links und rechts vom „Bock" und laufen prüfend am Fahrgestell der Lok entlang. Per Hand kontrollieren sie alle Lager und andere bewegliche Teile. „Alles in Ordnung!" rufen sie sich schließlich gegenseitig zu. Manfred Dickhut: „Normalerweise ist diese kleine Überprüfung erst in Drei Annen Hohne fällig. Doch diese Lok hat heute ihre erste Fahrt nach einer Generalüberholung. Da muss man schon ein wenig vorsichtiger sein."

Per Funk gibt der Zugleiter die Strecke für uns bis zur Steinernen Renne frei. Fast auf Tuchfühlung mit Baumästen und Gestrüpp schleppt sich das Stahlross treu zur nächsten Station hinauf. Kurz vor der Ankunft deutet der Lokführer rechts auf ein Lichtsignal, das über den Stand der sogenannten Rückfallweiche informiert. Sie befindet sich in der richtigen Stellung, wir können also gleich einfahren.

„Gestern wäre hier beinahe ein Unfall passiert", erzählt Manfred Dickhut. Unbekannte hätten einen großen Stein in den Mechanismus der Weiche gelegt, sodass sie von der Lok beim Hinüberfahren nicht umgestellt worden wäre. Ein Entgleisen wäre dann nicht mehr zu verhindern gewesen. Nur der Zufall

Wassernehmen am Bahnhof Drei Annen Hohne

Historische Bespannung mit Güterwagen und Holztransport im Drängetal

rettete die gefährliche Situation: Der Sabotage-Stein war so porös, dass er zerrieben wurde.

Manfred Dickhut kennt die Strecke wie kaum ein anderer. Seit 14. August 1955 fährt der Eisenbahner bei der Harzquerbahn auf der Lok; bis 1960 zunächst als Heizer, dann als Lokführer. Während unseres Gesprächs lässt er kaum einmal die vor ihm liegenden Schienen aus den Augen, und wenn doch, dann meist nur, um die Anzeigen der Geräte zu überprüfen. Der Dampfdruck muss stimmen und übrigens auch die Geschwindigkeit. „Wir können hier nicht einfach nach Lust und Laune über die Berge rasen“, erklärt Manfred Dickhut scherzend. „Das Tempo ist uns vorgegeben.“

Hinter dem Bahnhof Steinerne Renne beispielsweise, den wir inzwischen mit Erlaubnis des Zugleiters in Wernigerode verlassen haben, liegt das Limit bei maximal 25 km/h. Hier ist streckenweise eine Steigung von 1:30 zu bewältigen. Das bedeutet, dass die Strecke auf 30 Meter um einen Meter ansteigt. Für eine reine Adhäsionsbahn, wie sie die Harzquerbahn nun einmal ist, eine gewaltige Leistung! Anderenorts werden solche Steigungen nicht mehr der Reibung überlassen, sondern mit Zahnradbahnen bewältigt.

„Hier ereignete sich 1927 das große Unglück“, sagt Dickhut wenig später und weist nach rechts den Bahndamm hinunter, wo ein Rinnsal zu Tal plätschert: der Thumkuhlenbach. Automatisch sehe ich die wenigen überlieferten historischen Fotos von der Unfallstelle vor mir und erkenne den Ort an seiner äußeren Beschaffenheit wieder. Doch mussten die Pressefotografen damals mit kurzen Brennweiten gearbeitet haben, denn auf den alten Bildern wirkte alles viel größer und gewaltiger. Die Sprache der Fotografie ist eben ein verzerrbares Gebilde.

Dann kommt endlich der Tunnel in Sicht. Knapp siebzig Meter wühlten sich hier die Streckenbauarbeiter

Nach Passieren des Thumkuhlentunnels

damals durch den Berg. Die Längenangaben sind übrigens in den verschiedenen Quellen nicht identisch, was nichts mit ungenauem Messen zu tun hat. Da der Tunnel eine leichte Biegung beschreibt und die Enden außerdem in ihren Schnittflächen nicht parallel zueinander stehen, beeinflusst der Standort der Messung wesentlich deren Ergebnis. Deshalb kann man getrost behaupten: Der Tunnel hat eine Länge von 60 bis 70 Metern.

Binnen weniger Sekunden hat man das schwarze Loch passiert. „Nicht einmal eine Kusslänge!" wie zu Beginn des 20. Jahrhunderts eine feine Dame ausgerufen haben soll. Ich schaue rechts aus dem Fenster, als die qualmende Lok im Berg verschwindet. Plötzlich spüre ich Rußpartikel im Gesicht, schmecke Ruß, irgendwas fliegt mir ins Auge. Ich schaue blinzelnd zurück. Gerade verlässt der letzte Wagen den Tunnel, aus dem dunkle Rauchschwaden zäh heraushängen, wie schmutzige, ausgezupfte Wattebausche. Es wird noch ein Weilchen dauern, bis die Luft im Tunnel wieder rein ist.

Fast hätte ich vergessen, mir die Nummer unserer Lok zu notieren. „Wir sagen einfach 244", erklärt Manfred Dickhut. Genau genommen heiße es aber 7244. Die „7" stehe für 1000 Millimeter Spurweite und den Auftraggeber DR (Deutsche Reichsbahn bzw. den Vorgänger DR-Gesellschaft), eine Verschlüsselung, die 1970 die DR eingeführt hat. Und ganz präzise stimmt die Nummerierung erst, wenn noch die Baureihe davor steht, also in unserem Fall: 99 7244. Schnaufend fahren wir nach etwa einer Dreiviertelstunde in den Bahnhof Drei Annen Hohne ein.

Geschichte der Harzquer- und Brockenbahn

Eine Eisenbahnstrecke durch den Harz entsteht

Als Mitte des vorigen Jahrhunderts überall in Europa, somit auch in Deutschland, Eisenbahnen entstanden, folgte die Harzregion diesem Beispiel. Es war offensichtlich, welch großen Aufschwung Industrie, Handwerk und Fremdenverkehr mit dieser Neuheit erleben würden. Kommunalpolitiker, Handwerker und Industrielle berieten gemeinsam, wie das Harzgebirge durch eine Eisenbahnlinie zu erschließen sei.

Alle bis dahin existierenden Strecken umgingen das Gebirge. So die Linien Nordhausen – Northeim – Kassel und Halberstadt – Wasserleben – Vienenburg – Bad Harzburg – Goslar. Stichbahnen führten nur an den Harz heran, wie beispielsweise Halberstadt – Thale, Heudeber-Danstedt – Wernigerode – Ilsenburg oder Quedlinburg – Ballenstedt – Frose. Erst die Halberstadt-Blankenburger Eisenbahngesellschaft baute mit ihrer Rübelandstrecke unter teilweisem Zahnstangenbetrieb direkt in die Berge hinein und erreichte 1886 den Harzort Tanne. Außerdem fuhr die Innerstetalbahn von Langelsheim aus bis Clausthal-Zellerfeld und schloss damit die dortigen Gruben an das Eisenbahnnetz an. Eröffnung war hier am 15. November 1877.

In Benneckenstein bildete sich im Dezember 1866 zur Vorbereitung einer Bahnlinie über den Harz ein Eisenbahnkomitee. Dessen Mitglieder dachten an eine Regelspurstrecke, die durch das Wernigeröder Mühlental am Zillierbach entlang die Höhen des Harzes erklimmen sollte. Aber alle Bemühungen scheiterten am Geld. Die staatlichen Stellen zeigten wenig Entgegenkommen und so löste sich das Komitee am 16. April 1870 wieder auf.

Indessen kamen weitere Projekte ins Gespräch. So wollte 1884 Ingenieur Wackernagel eine Pferdebahn von Wernigerode zum „Silbernen Mann" nahe der Steinernen Renne bauen lassen. Eine andere Idee sah eine Zahnradbahn von Wernigerode zum Brocken durch das Rennetal vor. 1878 stellte der Nordhäuser Bauunternehmer August Myler seinen Plan einer Tramwaybahn für den Personen- und Güterverkehr von Nordhausen nach Ilfeld vor. Die ersten Schienen lagen bereits im Schotterbett, da kam der Einspruch der Stadt Nordhausen. Die Gleise mussten wieder entfernt werden. In Bad Harzburg wollte man eine Bahnstrecke durch das Radautal zum Brocken bauen. All diese Pläne verliefen im Sand.

Erst im Jahre 1895 wurde ein neues Eisenbahnkomitee unter Leitung des Nordhäuser Bürgermeisters Schustehrus ins Leben gerufen. Drei Jahre zuvor hatte der Preußische Staat ein Kleinbahngesetz er-

Die Lok Nummer 1 mit Mannschaftswagen beim Streckenbau (Sorge)

lassen, das die Gründung privater Eisenbahngesellschaften erleichterte. Das Komitee plante nun eine Schmalspurbahn in Meter-Spur von Nordhausen über Ilfeld nach Wernigerode mit einem Abzweig zum Brocken.

Am 25. Juni 1896 gründete sich die Nordhausen-Wernigeroder Eisenbahngesellschaft (NWE) mit Sitz in Nordhausen. Einen Monat zuvor hatte der preußische Staat die Konzession zum Bau der Bahn in vorgesehener Linienführung erteilt. Da die Strecke bei Sorge braunschweigisches Gebiet berührte, musste auch der Freistaat Braunschweig zu dem Projekt seinen Segen geben. Dies geschah schließlich am 19. November des Jahres.

Unmittelbar darauf begann die Vereinigte Eisenbahnbau- und Betriebsgesellschaft mbH Berlin an beiden Endpunkten der künftigen Bahnlinie mit den Arbeiten. Diese Gesellschaft pachtete zugleich den Betrieb der Harzquerbahn für die ersten zehn Jahre. Die Pachtsumme betrug 40 Prozent der Gesamteinnahmen. Mit 5,5 Millionen Mark Baukosten rechnete die NWE.

Drei zweiachsige Lokomotiven kaufte die Baugesellschaft bei der Güstrower Maschinenfabrik. Dem Trend der damaligen Zeit folgend erhielten die Loks Namen: Anton, Max und Luise. Eine vierte Maschine der Firma Krauss kam leihweise hinzu, sodass an jedem Endpunkt der Strecke zwei Arbeitszuglokomotiven im Einsatz waren.

Zügig voran gingen insbesondere die Arbeiten auf der Südstrecke in relativ ebener Landschaft. So nahm man schon am 12. Juli 1897 die erste 10,7 Kilometer lange Teilstrecke ***von***

Nordhausen nach Ilfeld in Betrieb. In Wernigerode dagegen verzögerte sich der Bau durch den Widerstand einiger Anlieger. Erst nach langwierigen Enteignungsprozessen und schließlich der Zusage der Baugesellschaft, dem damals noch selbstständigen Ort Hasserode zusätzliche Haltestellen einzurichten, konnte hier gearbeitet werden.

Am 20. Juni 1898 fuhr dann der erste Zug ***von Wernigerode über Drei Annen Hohne nach Schierke***. Hasserode besaß fünf Haltestellen: Westerntor, Kirchstraße (Hasserode I), Hasserode II (Frankenfeldstraße), Hasserode Bahnhof und Steinerne Renne. An dieser Stelle sei bemerkt, dass nicht nur Hasseröder Anlieger gegen den Streckenbau auftraten. Beispielsweise meldete der Botaniker Bley seine Bedenken hinsichtlich des Erhalts der Brockenflora an.

Allein zur Überwindung des Brockenmoores bewegten die Bauleute 90 000 Kubikmeter Erde und festes Material. Etwa 400 Wasserdurchlässe, Brücken, Wegeüberführungen sowie ein knapp 70 Meter langer Tunnel im Thumkuhlental waren entstanden und zudem noch einige Stützmauern, um das Gleis vor herabfallende Felsbrocken zu schützen.

Trotz aller konträren Auffassungen wurde auch auf der ***Brockenstrecke*** tüchtig gebaut. Hier legte eine Abteilung des 1. königlich-preußischen Eisenbahnregiments aus Berlin zusätzlich mit Hand an.

Während der Bauarbeiten zum Tunnel im Thumkuhlental

Am 4. Oktober 1898 fuhr der erste Bauzug und am darauffolgenden 25. Dezember der erste Zug mit geladenen Gästen auf den höchsten Gipfel des Harzes.

Nachdem ab 15. September bereits Eisenbahnzüge ***von Ilfeld aus die Stadt Benneckenstein erreicht*** hatten, trafen sich am 14. Dezember 1898 die Gleise zwischen ***Benneckenstein und Drei Annen Hohne***. Nach knapp dreijähriger Bauzeit feierte die Nordhausen-Wernigeroder Eisenbahngesellschaft am 27. März 1899 die Eröffnung der gesamten Bahnstrecke. Die Gesamtbaukosten betrugen einschließlich der Grunderwerbskosten sowie der Nutzungsentschädigungen letzten Endes 8 128 600 Mark.

Erhöhung der Wirtschaftlichkeit

Neben Personen sollten die Züge der Harzquerbahn auch möglichst viele ***Güter transportieren***. So ergänzte die Bahngesellschaft in den Jahren 1899/1900 ihre Technik mit mehreren Drehschemelwagen. Diese ermöglichten es, auch Langholz aus den Harzwäldern per Bahn in die Sägewerke zu bringen. Dabei war die Beschaffenheit des Langholzes unwichtig, da die kleinen, nur 1,80 Meter Achsstand aufweisenden Wagen mittels unterschiedlich langer Kuppelstangen den jeweiligen Baumlängen angepasst werden konnten.

Neben den ***Holzverladestellen*** auf den Bahnhöfen existierten bald schon mitten im Wald spezielle Ladestellen mit entsprechendem Gleis

Sonderzug mit Holzbeladung im Drängetal

Während der Eröffnungsfahrt am 27. März 1899 (Oberharz)

und einer dazugehörigen Rampe, beispielsweise am Allerbach (Kilometer 37,3) und am Kälberbruch (Kilometer 25,1). Am 28. Juli 1899 wurde zum ersten Mal auf diese Weise verladen und transportiert. Die Brockenstrecke begann am Bahnhof Drei Annen Hohne. Etwa am Kilometer 3,7 entstand ein Anschlussgleis zum Granitsteinbruch Knaupsholz, um die dort gebrochenen Steine auf diesem Wege nach Wernigerode zu bringen. Erst im Jahre 1963 wurde dieser Anschluss stillgelegt.

Unter dem Zungenbrecher ***„Rückdrückgleis“*** versteht man ein ansteigend im Schotterbett verlegtes Gleis. Der darauf rückwärts fahrende Zug bekommt dadurch für seine Weiterfahrt bergauf den nötigen Schwung. Das Gleis dient als Möglichkeit zum Halten, wenn ein Gegenzug die eingleisige Strecke passieren soll.

Auch die ***Postbeförderung*** entlang der NWE-Strecke übernahm die Bahn. Die speziellen Packwagen besaßen zum Teil separate Postabteile, in denen Postbeamte für die ordnungsgemäße Zustellung und Entgegennahme der Sendungen sorgten.

Der Harzklub beantragte einen ***Bahnhof am Goetheweg*** am Kilometer 13,6 der Brockenstrecke. Bereits am 17. Juli 1900 hielt der erste Zug an dieser Stelle. Die Wartehalle finanzierte der Harzklub, während die NWE für eine Weiche mit einem Rückdrückgleis sorgte.

Ursprünglich wollte die Bahnbetriebsleitung ganzjährig Züge auf den Brocken schicken. Doch sehr

Bahnhof Steinerne Renne in Wernigerode um 1905

schnell machten Sturm und Schneemassen einen Strich durch diese Rechnung. So schleppten sich die Schmalspurloks nur vom 1. Mai bis zum 15. Oktober auf den Berg. Die Saison 1901 eröffnete am 30. April der erste Sonderzug dieser Strecke: Mit Hexen und Teufeln geschmückt brachte er geladene Gäste zur ***Walpurgisfeier*** auf den Brocken. Musikgruppen unterhielten die Reisenden während der Fahrt und begleiteten sie nach ausgiebigem Festgelage im Dunkel der Hexennacht am nächsten Morgen wieder zu Tale. Diese Tradition endete mit Beginn des Zweiten Weltkrieges.

Erst 1990, nach der politischen Wende in der DDR, knüpfte man an den alten Brauch an. Allerdings fuhr der festlich geschmückte Zug nur bis Schierke, da die Gleise zum Brocken hinauf noch nicht befahrbar waren. Auch heute enden die meisten Walpurgis-Sonderzüge in Schierke, wo inzwischen eine der größten und aufwendigsten Walpurgisfeiern des Harzes stattfindet.

Bahnstrecken treffen sich

Am 15. Juli 1905 erreichte im Bahnhof Eisfelder Talmühle das Gleis der Gernrode-Harzgeroder Eisenbahn (GHE) die Harzquerbahn. Von diesem Zeitpunkt an gelangte man auch in die Orte Gernrode, Hasselfelde und Harzgerode bequem per Zug. Da sich die NWE am Streckenbau mit 100 000 Mark beteiligt hatte, galt der Bahnhof Eisfelder Talmühle als Gemeinschaftsbahnhof beider Bahnen.

Ein Jahr darauf beantragte die Nordhausen-Wernigeroder Eisenbahngesellschaft eine Verlängerung ihrer Strecke von Wernigerode aus in Richtung Blankenburg – Thale. Die einflussreiche Halberstadt-Blankenburger Eisenbahn (HBE) wehrte sich jedoch dagegen. Sie sah in dem Projekt eine Konkurrenz und wollte die Strecke gern selbst bauen. So wurde der Antrag der NWE abgelehnt. Die HBE baute ebenfalls nicht. Stattdessen entstand auf ihre Initiative hin eine Strecke von der Station ***Elbingerode aus zum Bahnhof der Harzquerbahn Drei Annen Hohne***. Am 1. Mai 1907 fuhr hier der erste Zug. Fortan kamen Reisende aus Richtung Halberstadt problemlos über Blankenburg und Drei Annen Hohne zu den Brockenzügen der NWE. Auch Umladegleise entstanden, die aber kaum genutzt und deshalb später wieder aufgegeben wurden.

Am 31. März 1909 endete der zehnjährige Pachtvertrag mit der Eisenbahnbau- und Betriebsgesellschaft mbH Berlin. Die NWE nahm die Geschicke ihrer Bahn in eigene Hände. Gleich im Jahr darauf entstand ***im Drängetal ein Kreuzungsbahnhof*** mit Kreuzungsgleis, einem Rückdrückgleis und Signalen, dazu ein besetztes Stellwerk. Die Einrichtung diente dazu, die Zugfolge, besonders im Brockenverkehr, zu verdichten. Fahrgäste konnten hier weder ein- noch aussteigen.

Die Braunschweiger Signalbaufirma Max Jüdel stattete in dieser Zeit die gesamte Harzquerbahn mit modernen Anlagen aus. Zwei neue, diesmal sechsachsige Mallet-Lokomotiven der Firma Orenstein & Koppel vergrößerten den Fahrzeugbesitz. Die Loks sollten vorrangig auf der Brockenstrecke eingesetzt werden. Doch damit nicht genug der Investitionen! Es kamen noch neun Reisezugwagen aus Görlitz mit Sit-

Brockenbahn im Drängetal (um 1910)

zen in drei Wagenklassen hinzu. Bedauerlicherweise waren sie jedoch zu schwer und damit unwirtschaftlich im normalen Verkehr. So verkaufte man sie 1918 an die Warschauer Zubringerbahn, wo einige von ihnen noch 1942 im Einsatz waren.

Der Bau neuer Verbindungsgleise hatte weiterhin Hochkonjunktur. ***Zur Südharzeisenbahn*** (SHE) gelangte man ab 1. Mai 1913 auch von Sorge aus. Bis dahin kreuzten sich lediglich beide Bahnstrecken mittels einer Brücke zwischen Brunnenbachsmühle und Tanne. Ehrgeiziges und egoistisches Wettbewerbsdenken beider Gesellschaften wirkte sich allerdings auf die verkehrstechnische Erschließung des Harzes hemmend aus. Mit der neuen Verbindung waren zwar endlich die drei Harzer Schmalspurbahnnetze auf einer Gesamtlänge von 170 Kilometern miteinander verflochten, doch der

Abfahrbereite Züge auf dem Brockengipfel

Historische Postkarte vom Brockenbahnhof (Anfang 20. Jahrhundert)

Vorteil, dass selbst die Bremssysteme der Fahrzeuge (wenn auch nur zufällig) zueinander passten und so einen Fahrzeugaustausch ermöglichten, wurde durch das angespannte Verhältnis der Gesellschaften zueinander kaum genutzt. Lediglich Kurswagen von Braunlage zum Brocken bzw. nach Wernigerode verkehrten und einige Züge der GHE fuhren von Gernrode über Stiege und Eisfelder Talmühle nach Nordhausen durch. Erst als die Gesellschaften freundlicher miteinander umgingen, verbesserte sich die Zusammenarbeit. Schließlich tauschte man sogar Lokomotiven aus, zumal die SHE ähnliche Mallet-Lokomotiven wie die NWE besaß.

Die NWE weihte am 1. Juli 1913 ihr repräsentatives Empfangsgebäude in Nordhausen ein. Knapp drei Jahre später zog die Betriebsleitung der Bahn dennoch nach Wernigerode um. Hier befanden sich schließlich die Betriebswerkstätten und auch der Brockenverkehr ließ sich von dieser Stelle aus besser überwachen.

Folgen des Ersten Weltkrieges

Der Erste Weltkrieg brachte die Bahn in Schwierigkeiten. Viele Belegschaftsmitglieder mussten zum Kriegsdienst antreten; 23 kehrten nicht wieder heim. Sechs der zwölf vorhandenen Streckenlokomotiven gingen zusammen mit etwa 40 offenen Güterwagen an die Heeresfeldbahn. Einige der Wagen kamen zwar später zurück, die Loks aber blieben in Frankreich. Durch diesen Verlust wurde der Maschinenmangel so akut, dass sich die Betriebsleitung zum Kauf zweier sechsachsiger Lokomotiven entschloss. Diese besaßen jedoch einen zu starren Rahmen, der sie für die bogenreiche Gebirgsstrecke untauglich machte. 1917 fand man für die beiden Maschinen in der Lübeck-Büchener Eisenbahn

Rollböcke erlangen ihre Bedeutung durch einen rentablen und schnellen Wechsel der Wagen von der Regel- auf die Schmalspur. Diese kleinen zweiachsigen Schmalspurfahrzeuge, die in einer speziellen Grube unter die Achsen der regelspurigen Güterwagen gerollt und mit einer hochgeklappten Kammer befestigt werden, ersparen das zeitaufwendige Umladen der Güter.

einen Käufer. Er ließ die Loks auf Regelspur umbauen.

1915 richtete ein württembergisches Eisenbahnregiment an der Brockenstrecke oberhalb des Bahnhofs Drei Annen Hohne eine Versuchsstrecke zum Test von Heeresfeldbahnlokomotiven ein. Durch diese Aktion kam die NWE in den Besitz einer dreiachsigen Henschel-Maschine, die heute noch ihre Dienste versieht (ehemalige Nummer 6 = 99 6101). Mangels Kohle rollte vom 4. bis 15. November 1916 kein Zug mehr auf der Strecke. Nach dem Krieg, 1920, übernahm die NWE aus Heeresfeldbahnbeständen eine Malletlok, die als 99 5906 ebenfalls noch heute zum Bestand gehört. Auch eine dreiachsige Maschine, ähnlich der Lok vom württembergischen Eisenbahnregiment, wechselte ihren Besitzer von der Nassauischen Kleinbahn zur NWE.

Aufschwung und Krisen

Insgesamt erholte sich die Wirtschaft nach dem verlorenen Krieg nur sehr mühsam. Um so bemerkenswerter ist es, dass die Harzquerbahn 1921/22 auf den von Rollbockzügen befahrenen Streckenabschnitten Wernigerode – Hasserode und Nordhausen – Ilfeld schwerere Schienen einbaute. Bis 1922 wurden die aufgebockten Güterwagen durch Kuppelstangen miteinander verbunden. Spezielle Bremswagen mit Regelspurpuffer und Kupplungen lösten die alte Technik ab. Sie waren allerdings nur auf den oben genannten flachen Strecken an den Endpunkten der Bahn einsetzbar.

Altes NWE-Gebäude am Bahnhof Wernigerode

Die Idee eines dreischienigen Ausbaus des Streckenabschnittes von Nordhausen bis Ilfeld kam 1921 erneut ins Gespräch. Zu dieser Zeit nahm beim Halte-

Regelspurwaggon auf Rollbock mit Bremswagen

punkt Netzkater das Steinkohlenbergwerk Wentzelszeche seinen Betrieb auf.

Die NWE vergrößerte sich rasant. In Nordhausen wurden beispielsweise die regelspurigen Anschlussgleise auf 2,5 Kilometer erweitert. Um diese zu bedienen, erwarb man von der Kleinbahn Stralsund – Tribsees eine gebrauchte zweiachsige Regelspurlokomotive. Sie erhielt die Betriebsnummer 61. Ein Auftrag erging 1923 an die Firma Borsig zur Herstellung zweier Mallet-Lokomotiven. Die erste lieferte das Unternehmen Ende desselben Jahres aus. Die NWE wies ihr die Nummer 51 zu. Die zweite, Nummer 52, kam zwei Jahre später.

1922 begann auf dem Brocken der Bau eines Empfangsgebäudes aus Granitstein. Es löste das alte Holzhaus ab. Ein neues kleines Gebäude war ein Jahr zuvor am Bahnhof Goetheweg entstanden. Das Schotterwerk im Thumkuhlental stellte 1921 seinen Betrieb ein, weshalb das dortige Anschlussgleis entfernt wurde. Reste des Steinbrechers sind noch erkennbar.

Am 1. Dezember 1920 ereignete sich im Drängetal ein schwerer Unfall. Die Lokomotive Nummer 32 entgleiste beim Kilometer 48,5 und stürzte um. Der Lokführer kam ums Leben und der Heizer erlitt schwere Verletzungen. Weil diese und eine weitere schwere Lokomotive ohnehin nicht die in sie gesetzten Erwartungen erfüllten, verkaufte man sie 1922 an eine Zinnmine in Bolivien.

Reisegesellschaft der Brockenbahn an der Teufelskanzel (um 1925)

Der Währungsverfall 1923 brachte erneut wirtschaftliche Schwierigkeiten. Doch aller Krisen zum Trotz feierte die Bahn am 30. Mai 1924 ihr 25-jähriges Jubiläum im Brockenhotel und im inzwischen fertiggestellten Brockenempfangsgebäude.

Um in wirtschaftlich schwieriger Zeit Kosten einzusparen und zugleich die Fahrtzeiten zu verkürzen, fielen 1922 folgende Haltepunkte weg: Ilfeld Talbrauerei (Kilometer 12,6) und Hasserode II (Frankenfeldstraße, Kilometer 57,1). 1923 folgte noch der Haltepunkt Krimderode bei Nordhausen, der jedoch 22 Jahre später wieder in Betrieb genommen wurde. Als sich 1924 die deutsche Wirtschaft allgemein wieder erholt hatte, bediente die Bahn 23 Privatanschlussgleise, darunter drei normalspurige in Nordhausen. Die Bahngesellschaft beschäftigte zu dieser Zeit 73 Beamte, 19 Angestellte und 180 Arbeiter. Befördert wurden in jenem Jahr 825 848 Personen und 180 800 Tonnen Güter.

Im Mai 1926 gründete die NWE eine eigene Buslinien, um so der immer stärker werdenden ***Konkurrenz des Kraftverkehrs*** entgegenzuwirken. Später bot man auch Harzrundfahrten an, die bei der stetig wachsenden Schar von Urlaubern große Resonanz fanden. Überhaupt setzte die Betriebsleitung in dieser Zeit sehr stark auf Wer-

Die NWE gab 1923 ihr eigenes Notgeld heraus.

bung, um Besucher in den Harz zu holen. Der Erfolg ließ nicht lange auf sich warten. Reiseunternehmen aus England, Dänemark und den Niederlanden schlossen Verträge mit der kleinen Harzer Schmalspurbahn. Zum Angebot gehörten Sonderzüge zur Wildfütterung nach Schierke und Kaffeefahrten von Wernigerode nach Schierke sowie nach Benneckenstein bzw. von Nordhausen nach Netzkater.

Eine große Rampe mit zwei Ladegleisen entstand 1928 zwischen den Bahnhöfen Hasserode und Steinerne Renne. Sie ermöglichte es den Betrieben in dieser Gegend, ihre Produkte – vorwiegend Holz und Steine – auf Regelspurwaggons zu verladen. Bis in das Granitwerk am Bahnhof Steinerne Renne dehnte sich der Rollbockgüterverkehr aus. Mitte der Sechzigerjahre des 20. Jahrhunderts verlor diese sogenannte Steinrampe ihre Bedeutung und blieb seither ungenutzt.

Investiert wurde nicht zuletzt in die Betriebsmittel der Bahn. Sechs Mallet-Lokomotiven erhielten neue Kessel. Weitere Reisezugwagen ergänzten den Wagenpark. Da die Werkstatt in Wernigerode zu klein geworden war, hieß es: umbauen, vergrößern, modernisieren! Die auch während dieser Zeit unverzichtbaren Reparaturen verzögerten die Beendigung der Bauarbeiten bis zum 20. Dezember 1926. In jenem Jahr fand in Benneckenstein die Einweihung eines neuen Empfangsgebäudes statt. Vier Jahre darauf begannen Umbauten an den zahl-

Omnibus des bahneigenen Kraftverkehrs

Die NWE plante sogar, die Strecke zu elektrifizieren. Nach langwierigen Verhandlungen, in denen man sich letzten Endes nicht über die Strompreise einigen konnte, scheiterte das Projekt im Jahre 1928.

reichen Bögen und die Erneuerung des Oberbaus. Drei Jahre währten diese Arbeiten, in deren Ergebnis auch ein neues Empfangsgebäude in Nordhausen Altentor im Mai 1934 eröffnet werden konnte.

Nach dem Scheitern der Elektrifizierungspläne suchte man andere Möglichkeiten, den Schienenverkehr attraktiver zu gestalten. So nahm 1936 ein vierachsiger dieselelektrischer Verbrennungstriebwagen mit einer Motorleistung von 400 PS seinen Betrieb auf. In eigener Werkstatt entstand dazu aus dem einstigen Personenwagen Nummer 15 ein Beiwagen. Der moderne Zug in weinrotem Farbton fuhr die Strecke Wernigerode – Nordhausen versuchsweise in weniger als zwei Stunden.

1935 erhielt der Güterbahnhof Westerntor in Wernigerode ein neues repräsentatives Empfangsgebäude. In diesem Zusammenhang wurde die Strecke Unter den Zindeln stillgelegt und westlich des Sägewerkes eine neue eingerichtet. Mit Eröffnung des neuen Westerntorbahnhofs Unter den Zindeln am 1. Juli 1936 schloss der bis dahin direkt an der Straßenkreuzung gelegene Haltepunkt Westerntor. Das alte Empfangsgebäude blieb noch einige Zeit stehen.

Neuerungen gab es auch für den Endbahnhof in Wernigerode. Die Deutsche Reichsbahngesellschaft wollte ihre Bahnhofsanlagen vergrößern. Deshalb sollte das alte Empfangsgebäude durch ein etwas

Richtfest am Rohbau des heutigen Westerntorbahnhofs (1935)

Der alte Bahnhof Westerntor direkt an der Straßenkreuzung am Eselskrug

weiter auf dem Bahnhofsplatz errichtetes und größeres Haus ersetzt werden. Zusätzliche Bahnsteige waren geplant. Außerdem sollten die Gleise der Harzquerbahn in die Bahnhofsanlage integriert werden.

Um Platz für den Bahnhofsumbau zu schaffen, wurde zunächst das Empfangsgebäude der NWE mit einer Gaststätte und mehreren Wohnungen abgerissen. Ebenso verschwanden die alten Gleisanlagen. Der Ausbruch des Zweiten Weltkrieges verhinderte den Fortgang der Arbeiten. Als Zwischenlösung dienten ein kleines Gebäude am westlichen Rand des Bahnhofsvorplatzes und Bahnsteige speziell für die Harzquerbahn. Ein Übergang für Reisende zum Bahnsteig 1 der Reichsbahn wurde am 15. Dezember 1939 feierlich eröffnet.

Die Bahn im Zweiten Weltkrieg

Nach guten Erfahrungen mit dem Triebwagenzug bestellte sich die NWE zwei neue Wagen, die 1940 eintrafen. Sie wiesen eine Motorleistung von 520 PS auf und zogen damit mühelos vier Reisezugwagen über den Harz. Der bereits zum Bestand gehörende kleinere Wagen mit 400 PS behielt seine Betriebsbezeichnung T 1, während die beiden großen als T 2 bzw. T 3 den Fuhrpark erweiterten. Da auch den Lokomotiven ihre fast 40-jährige Einsatzzeit anzumerken war, ließ die NWE zusammen mit der Firma Krupp mehrere verschiedene Schmalspurlokomotiven entwickeln. Infolge der Kriegsereignisse traf dann bei der NWE lediglich eine Maschine ein. Diese erhielt die Betriebsnummer 21 und bewährte sich bestens. Sie fährt heute als 99 6001.

Der fortdauernde Krieg verursachte sinkende Touristenzahlen und Personalknappheit bei der Harzquerbahn. So mussten beispielsweise Frauen als Schaffnerinnen arbeiten, was seinerzeit völlig ungewöhnlich war. Die bahneigenen Autobusse beschlagnahmte die Wehrmacht.

Dennoch brachte der Krieg eine Erweiterung des Bahnbetriebes mit sich, leider eine unrühmliche. Adolf

Bahnbetriebswerk Westerntor (um 1938)

Hitler ließ noch 1944 in Harzungen, drei Kilometer von Niedersachswerfen entfernt, Gefangene internieren. Das Konzentrationslager Dora entstand. Damit die KZ-Häftlinge schnell an ihren Arbeitsort – eine in künstlichen Stollen versteckte Raketenproduktion der „Wunderwaffe" V 2 – gelangten, wurde vom Bahnhof Niedersachswerfen ein Gleis nach Harzungen verlegt. Ilfeld erhielt einen zweiständigen Lokomotivschuppen und der Haltepunkt Krimderode diente, mit einem Kreuzungsgleis versehen, fortan als Bahnhof. Mit einem extra dafür hergerichteten Zug alter Wagen übernahm die Harzquerbahn ***Gefangenentransporte***. Der begonnene Bau eines Gleisanschlusses in die Produktionsstollen des KZ Dora wurde durch den Zusammenbruch des Hitlerregimes nicht vollendet.

Letzte Kampfhandlungen im Harz beschädigten Fahrzeuge der NWE und unterbrachen zeitweise den Zugverkehr. Sprengungen zerstörten am 10. April 1945 die Brücken bei Sorge und im Thumkuhlental und ließen den Zugverkehr völlig zusammenbrechen. Erst am 1. August fuhren wieder Züge zwischen Nordhausen und Ilfeld; zwei Monate später war die Strecke bis Wernigerode befahrbar.

Inzwischen hatten sich Amerikaner und Engländer gemäß des Siegermächteabkommens zurückgezogen. Die gesamte Harzquerbahnstrecke gehörte zur sowjetischen Besatzungszone. Zunächst blieb die Betriebsleitung der NWE in alter Form bestehen. Alle Eisenbahner arbeiteten daran, die Harzquerbahn von ihren „Kriegswunden" zu heilen, die beschädigten Fahrzeuge zu reparieren und die Strecke wieder in Ordnung zu bringen.

Im Jahre 1946 wurde der Harzquerbahn das Teilstück der Selketalbahn von der Eisfelder Talmühle bis Hasselfelde mit 13,5 Kilometern Länge zugeordnet. Als ***Reparationsleistung*** wurde die Selketalbahnstrecke von Gernrode bis Stiege demontiert und in die Sowjetunion gebracht.

Ungewöhnlich hohes Schmelzwasser zerstörte am 14. Januar 1948 die Brücke über die Behre bei Ilfeld und führte zur Sperrung der Strecke von Kilometer 12,6 bis 13,3. Für den deshalb notwendigen Umsteigeverkehr nutzte man den ehemaligen Haltepunkt Talbrauerei. Am 1. Januar 1950 nahm die Deutsche Reichsbahn den durchgehenden Zugverkehr wieder auf, nachdem ein Tag zuvor die Brücke fertiggestellt worden war.

Schmalspurbahnen bei der Deutschen Reichsbahn

Durch einen sogenannten Volksentscheid vom 15. August 1948 kam es zur Enteignung der Harzquerbahn. Ab 1. Januar 1949 war sie Teil der Vereinigung volkseigener Betriebe des Landes Sachsen-Anhalt. Die Betriebsleitung unterstand damit der Landesregierung in Halle.

Die Brockenstrecke konnte am 14. Mai 1949 erstmals wieder befahren werden. Zunächst nur sonntags, dann auch samstags fuhr jeweils ein Zug zum höchsten Gipfel des Harzes. 1951 trat der reguläre Fahrplan zum Brocken in Kraft. Die endgültige Eingliederung der Nordhausen-Wernigeroder Eisenbahn in die Deutsche Reichsbahn (DR) erfolgte mit Wirkung vom 1. Januar 1950. Die NWE wurde der Reichsbahndirektion (RBD) Magdeburg sowie dem Reichsbahnamt Halberstadt unterstellt.

Als Betrieb der DR besaß die Harzquerbahn keine einheitliche Betriebsleitung mehr. Die einzelnen Bereiche waren den verschiedenen Reichsbahndienststellen zugeordnet. Es gab beispielsweise nur noch eine gemeinsame Bahnmeisterei in Wernigerode für das gesamte Schmalspurnetz der ehemaligen NWE sowie für die Regelspurstrecken Ströbeck – Stapelburg und Heudeber-Danstedt – Osterwieck. Die Wagenwirtschaft hingegen unterstand dem Bahnbetriebswagenwerk in Halberstadt, die Lokomotiven der Maschinenwirtschaft waren der RBD in Magdeburg zugeordnet. Letzteres hatte zur Folge, dass die Generalüberholung der Loks bis 1953 im Reichsbahnausbesserungswerk (Raw) Blankenburg, dann aber in Görlitz-Schlauroth erfolgte. Für die Wagenunterhaltung zeichnete

Vom 28. Februar bis 3. März 1950 fanden in Schierke die ersten deutschen ***Meisterschaften im Wintersport*** statt. Die Harzquerbahn sollte Besucher und Sportler an den Austragungsort befördern. Dafür entstand am Eckerloch, oberhalb Schierkes, ein Bahnsteig mit Umsetzgleis. Aus dem thüringischen Eisfeld erhielten die Harzquerbahner als Unterstützung zwei komplette Züge. So stand der pünktlichen Ankunft von etwa 50 000 Wintersportfans nichts mehr im Wege.

Auf Schmalspur umgerüstete kleine Diesellok

zunächst das Raw in Chemnitz verantwortlich, später das Raw Wittenberge, Werkabteilung Perleberg.

Mit Einrichtung der Grenze zwischen den Besatzungszonen wurde die Strecke der Südharzeisenbahn bei Sorge unterbrochen. Bis 1958 versah die Harzquerbahn noch den Güterverkehr von Sorge nach Tanne zur dortigen Hütte.

Ständiger Lokmangel veranlasste die DR, bei den Potsdamer Lokomotivwerken eine Bestellung aufzugeben. Als Vorbild diente eine ***1E1 (siebenachsige) Dampflokomotive***, die 1931 von der Firma Schwartzkopff für die Thüringer Schmalspurbahn Eisfeld – Schönbrunn entwickelt worden war. Die einzige noch vorhandene Maschine dieser Serie, die 99 222, fährt heute auf den Gleisen der Harzquerbahn. Zwischenzeitlich kamen zwei französische Maschinen der stillgelegten Schmalspurbahn Heldburg – Hildburghausen nach Wernigerode. Sie wurden ab 1952/53 eingesetzt. Da sie aber für die Berge zu schwach waren, ging eine wenig später an die ehemalige Franzburger Kreisbahn in Barth, die andere wurde verschrottet.

1955 trafen die ersten ***Neubaulokomotiven*** ein. Nach einigen Umbauten an Loks und Strecke konnten zwei Jahre später insgesamt 15 Lokomotiven der Reihe 99 231 bis 99 247 ihren Dienst im Harz beginnen. Damit war es nun möglich, die noch fahrbereiten Malletmaschinen nach Gernrode für den Betrieb auf der inzwischen teils wieder aufgebauten Selketalbahn umzusetzen. Alle Lokomotiven der beiden Schmalspurnetze blieben aber im Bahnbetriebswerk Wernigerode Westerntor beheimatet.

Eine ***Dispatcherleitung*** nahm am 1. Januar 1956 im Bahnhof Westerntor ihre Arbeit auf. Die Zugbewegungen auf der gesamten Strecke

Einheitslokomotive (1E1) am Bahnhof Westerntor

Auf der Behre-Brücke bei Ilfeld

wurden nun zentral überwacht und geleitet. Im ursprünglich normalspurigen Lokschuppen am Bahnhof Wernigerode erhielten ab 1958 sechs Schmalspurlokomotiven Platz. Auch das Beladen der Loks mit Kohle verlegte man zum Bahnhof Wernigerode.

Nachdem nun genügend leistungsstarke Lokomotiven zur Verfügung standen – die Maschinen konnten acht vollbesetzte Reisezugwagen auf den Brocken ziehen – kam auch die Einführung des ***Rollwagengüterverkehrs*** ins Gespräch. Kurz darauf begann das Raw Jena mit dem Bau von Rollfahrzeugen; die ersten trafen 1962 im Harz ein. Zwei Jahre zuvor war die Strecke von Eisfelder Talmühle nach Hasselfelde so verstärkt worden, dass auch hier Neubaulokomotiven eingesetzt werden konnten. Am 26. Mai des gleichen Jahres endete die Postbeförderung durch die Bahn. Lediglich zwischen Nordhausen und Ilfeld gelangten noch zwei weitere Jahre

Mit dem 14. August 1961 wurde der ***Personenverkehr zum Brocken unterbrochen***. Reisende nach Elend, Sorge und Schierke benötigten ab sofort einen Passierschein für das Grenzgebiet. Den Bahnhof Sorge degradierte man mit Wirkung vom 15. Juli 1962 zum Haltepunkt; Bahnhofsgleise verschwanden. Gleiches Schicksal ereilte am 16. März 1974 das Empfangsgebäude dort. Es entstand ein neuer Haltepunkt im Ort Sorge am Kilometer 33,4.

Jungfernfahrt eines Leichtbauschienenbusses für Venezuela auf der Harzquerbahnstrecke

flüssig erwiesen sich die Holzverladestellen Allerbach (1965) und Kälberbruch (1967), da der Langholztransport nunmehr auf der Straße erfolgte.

Briefe und Pakete auf der Schiene an die Adressaten.

Der Rollwagenverkehr war bis 1964 auf der gesamten Strecke eingeführt. Die freigewordenen schmalspurigen Güterwagen gingen teils an die Selketalbahn in Gernrode, teils auf den Schrott. Der Rollbockgüterverkehr in Wernigerode und Nordhausen blieb jedoch weiter bestehen.

In den Folgejahren bestimmten ***Sparmaßnahmen*** das Geschehen. Weitere Bahnhöfe erhielten den Status eines Haltepunktes: Niedersachswerfen Ost und Netzkater (1964) sowie Stiege (1967). Zudem wurde das Ladegleis am Haltepunkt Tiefenbachmühle abgebaut. Als über-

Durch überhöhte Geschwindigkeit entgleiste am 18. Mai 1968 am Kilometer 5,4 nahe Niedersachswerfen ein Zug mit der Lok 99 244 und vier Güterwagen. Er stürzte komplett um, wobei ein Schaden von 50 000 Mark entstand. Die Lok konnte man später wieder aufarbeiten.

Schließlich kam auch das Aus für die Kreuzungsstelle Drängetal. Hier wurden alle Gleise, bis auf das Durchgangsgleis, entfernt. Auf der ehemaligen HBE-Strecke Elbingerode – Drei Annen Hohne stellte die Deutsche Reichsbahn 1964 den Reisezugverkehr, einige Jahre später auch den Holzverladeverkehr ein.

In der Vergangenheit dienten die Strecken der Harzquerbahn des Öfteren als ***Teststrecken von Neubaufahrzeugen***. Beispielsweise erlebten hier ein Leichtbauschienenbus für Venezuela und ein AEG-Öltriebwagen ihre Jungfernfahrten. Einem längeren Test im Harz musste sich 1966 eine dreiachsige Diesellok aus einer Serie von 30 Maschinen für die indonesische Staatsbahn unterziehen. Diese Maschine wurde vier Jahre später von der Deutschen Reichsbahn gekauft und als 199 301 in den Fahrzeugpark der Harzquerbahn eingegliedert. Noch bis Anfang der Neunzigerjahre des 20. Jahrhunderts versah diese Lok Rangierdienste in Nordhausen oder war vor Nahgüterzügen bis Ilfeld zu finden.

Ersttagsbrief zum 75-jährigen Bestehen 1974

Zum ***fünfundsiebzigjährigen Bestehen der Harzquerbahn*** im Jahre 1974 entstand aus fünf alten Reisezugwagen ein Festzug. Dieser rollte am 27. März des Jubiläumsjahres mit der Malletmaschine 99 5903 (NWE-Nummer 13) von Nordhausen nach Wernigerode. Wappen der an der Strecke liegenden Städte zierten die grünen Wagen. Inzwischen um weitere historische Wagen verstärkt, ziehen diesen prächtigen Zug nun zwei Malletloks (derzeit 99 5901 und 99 5902). 1974 erhielten alle Reisezugwagen einen Anstrich in den Farben rot-gelb und die Packwagen in rot.

Um die körperlich schwere Arbeit der Lokheizer zu erleichtern und gleichzeitig Kosten einzusparen, erfolgte von 1977 bis 1981 die Umstellung aller großen Lokomotiven auf Ölhauptfeuerung. Dies wurde jedoch aufgrund gestiegener Ölpreise auf dem Weltmarkt und mangels Devisen 1982/84 wieder rückgängig gemacht. Und so fahren alle Maschinen noch heute mit Steinkohle.

Ein ***schweres Unglück*** ereignete sich am 13. März 1977 zwischen Tiefenbachmühle und Sophienhof. Direkt unter der fahrenden Lok war ein meterlanges Schienenstück herausgebrochen. Daraufhin entgleiste die Maschine, stürzte eine Böschung hinab und überschlug sich mehrmals. Zwei Reisezugwagen wurden mitgerissen. Während Lokführer und Heizer mit dem Schrecken davonkamen, bezahlte ein Fahrgast den Sturz im Wagen mit dem Leben. Die ramponierten Fahrzeuge schaffte man per Tieflader nach Hasselfelde, von wo aus sie dann mit der Bahn nach Wernigerode gebracht wurden.

Grünlackierte Mallet ohne Hauptschornstein (Veränderungen aus DDR-Zeiten)

Modernisierungen

Seit 20. September 1979 ermöglichen ***eingebaute Rückfallweichen*** im Bahnhof Steinerne Renne Zugkreuzungen ohne Stationspersonal. Im Bahnhof Niedersachswerfen Ost nahm man am 14. Dezember desselben Jahres diese Art Weichen ebenfalls in Betrieb. Da sie auch im Winter gute Dienste leisten, gibt es mittlerweile kaum einen Bahnhof der Strecke ohne Rückfallweichen.

Über einen ***Sprechfunk*** verfügt die Harzquerbahn seit 5. August 1980. Zunächst konnten Lok- und Zugführer sowie Fahrdienstleiter zwischen Wernigerode und Benneckenstein im Kanal 1 korrespondieren, ab November auch zwischen Nordhausen und Benneckenstein auf Kanal 2. Die Selketalbahn verfügte erst später über einen derartigen Funk.

Außerdem begann ein Umrüsten aller Fahrzeuge von der bisherigen Saugluftbremse System Hardy auf die bei der DR übliche ***Druckluftbremse***. In der Übergangsphase besaßen die großen Lokomotiven beide Bremssysteme.

Zur besseren Wartung der Gleise arbeitete ab Mai 1981 eine ***moderne Gleisstopf- und Richtmaschine*** der Firma Plasser & Theurer, die UNIMA 2. Eine baupolizeiliche Sperrung erfolgte am 4. Februar 1982 für den Lokschuppen am Bahnhof Wernigerode. Er drohte einzustürzen. Vier Jahre später riss ihn die Hochbaumeisterei Bernburg ab, um Platz für einen Neubau zu schaffen.

Im Benneckensteiner Lokschuppen ereignete sich am 29. Juni 1982 ein Unglück. Beim Zünden der Ölbrenner der Lokomotive 99 0232 fing die Maschine Feuer. Es griff auf den Lokschuppen über und verursachte schwere Schäden. Der Lokschuppen wurde später wieder aufgebaut und die Lok repariert.

Diesellok „Rotes Kamel“ auf der Brockenbahnstrecke

Da der Kauf neuer Reisezugwagen aus Ungarn aus verschiedenen Gründen platzte und hiesige Fabriken sich nicht in der Lage sahen, derartige Wagen zu liefern, begann 1984 ein Modernisierungsprogramm. Alle Reisezugwagen erhielten während ihrer planmäßigen Hauptuntersuchung im Raw einen ***neuen Wagenkasten*** mit moderner Inneneinrichtung und Tonnendach. Von der stillgelegten Reststrecke der Spreewaldbahn gelangten am 26. März 1983 zwei kleine Dieselloks nach Wernigerode. Sie verrichteten im Betriebswerk Westerntor und in Gernrode Rangierdienste. Im Dezember 1984 vergrößerte die erste von Regel- auf Schmalspur umgebaute Kleinlok als 199 010 den Fahrzeugpark.

Die Bahn transportierte in den Sommermonaten der Jahre 1984 und 1985 Schotter- und Betonteile auf den Brocken. Das Material wurde dort für den Aufbau des gewaltigen Mauerrings benötigt. Im Herbst 1986 endete dieser kurzzeitige Brockenverkehr.

Da mittlerweile die „Neubaulokomotiven“ schon über 30 Jahre auf dem Kessel hatten, dachte man über Ersatz nach. Ein Mitarbeiter der DR kam auf die Idee, ***Dieselloks*** der Baureihe 110, die durch die fortschreitende Elektrifizierung der Hauptstrecken hier unrentabel wurden, für die Harzquerbahn umzurüsten. Dazu entwickelte man ein dreiachsiges Schmalspurdrehgestell und ein geeignetes Getriebe. Am 21. November 1988 fuhr die so umgebaute 110 863 als 199 863 in Wernigerode ein. Technische Probefahrten verliefen erfolgreich, obgleich der Anblick der riesigen Lok vor den kleinen Wagen eher Kopfschütteln bewirkte. Die Maschine erhielt sehr schnell den Beinamen „Das rote Kamel". Trotzdem gesellte sich schon am 30. Dezember 1988 mit der 199 871 eine zweite Lok dieser Art hinzu. Geplant war, innerhalb von zwei Jahren 30 Maschinen umzubauen und damit alle Dampfloks zu ersetzen. Die politische Wende in der DDR und die Wiedervereinigung Deutschlands brachten dieses Vorhaben zum Scheitern. Allerdings blieb die Lieferung weiterer Dieselloks nicht aus, sodass schließlich der Harz über zehn derartige Maschinen verfügte.

Immer stärker zeichnete sich ab, dass die Schmalspurbahnen des Harzes nur eine Zukunft haben, wenn man mit dampflokbetriebenen Zügen fuhr. Schließlich spielte auch der Güterverkehr nur noch eine untergeordnete Rolle. Um die Schmalspurbahn zu erhalten, gründete sich die Interessengemeinschaft Harzer Schmalspur- und Brockenbahn e.V., die bald schon circa 1000 Mitglieder zählte und in der Bevölkerung große Resonanz fand.

Privatisierung – ja oder nein?

Am 12. Januar 1991 trat ein Georg Giesecke ins Licht der Öffentlichkeit mit einem Plan, der nicht nur die Fans der Dampfeisenbahn schockte: Giesecke wollte die Bahn privatisieren, den Brocken künftig ausschließlich mit modernen Triebwagen befahren, alle anderen Strecken wegen Unrentabilität aufgeben und etwa 500 Eisenbahner entlassen.

Die Reaktionen der Gegner ließen nicht lange auf sich warten. Eine Welle des Protests ging durch die Öffentlichkeit, sodass die Politiker Farbe bekennen und handeln muss-

Beim ersten Spatenstich zur Sanierung der Brockenstrecke (1991)

ten. So bildeten im März 1991 drei Landkreise und 17 Gemeinden eine Betreibergesellschaft, um das Bahnnetz in seiner gesamten Länge zu retten. Die Harzer Schmalspurbahnen GmbH (HSB) war geboren! Auch das Land Sachsen-Anhalt blieb kein unbeteiligter Zuschauer und stellte 20 Millionen Mark für die ***Sanierung der Brockenstrecke*** bereit. Den ersten Spatenstich dazu übernahm am 17. Juni 1991 symbolisch der damalige Wirtschaftsminister Sachsen-Anhalts Dr. Horst Rehberger.

Zwar begleiteten Proteste von Umweltschützern die Arbeiten an der Brockenbahn, doch das Verwaltungsgericht in Magdeburg wies letztlich alle Einwände zurück. Am 15. September 1991 schnaufte der erste Sonderzug der Brockenbahn unter dem Jubel tausender Schaulustiger den höchsten Berg Norddeutschlands hinauf. Während werktags weiter an der Strecke gearbeitet wurde, verkehrten an den Wochen-

Erste offizielle Brockenfahrt am 15. September 1991 (Bahnhof Schierke)

enden bis zur Winterpause weitere Sonderzüge. Regelmäßige Fahrten auf die zugige Spitze enthielt der Fahrplan ab Sommer 1992. Die Zahl der fahrplanmäßigen Brockenzüge erhöhte sich über die Jahre stetig; nunmehr sind es täglich mindestens elf. An vielen Tagen verkehren zusätzlich Sonderzüge.

Die HSB auf Erfolgskurs

Am 1. Februar 1993 übernahm die HSB endgültig und offiziell die Geschicke aller Schmalspurbahnen im Harz. Mit dieser Ausgliederung aus der DR entstand die erste nichtbundeseigene Eisenbahngesellschaft mit regelmäßigem Reisezugverkehr in den neuen Bundesländern. An der Gesellschaft beteiligten sich die Landkreise Wernigerode, Quedlinburg und Nordhausen, die an der Strecke liegenden Kommunen, die Stadt Quedlinburg, die Gemeinde Tanne sowie die Kurbetriebsgesellschaft Braunlage. Die HSB betreibt heute ein Netz von insgesamt 140,4 Kilometern Schmalspurgleisen der ehemaligen NWE (jetzt Harzquer- und Brockenbahn; 79,4 Kilometer) sowie der ehemaligen GHE (jetzt Selketalbahn; 61,0 Kilometer).

Den wachsenden Anforderungen im Brockenverkehr Rechnung tragend, erwarb die HSB in den Jahren 1992 und 1993 insgesamt 14 neue Reisezugwagen, die im damaligen Raw Wittenberge hergestellt wurden. Die Fahrgastzahlen entwickelten sich insbesondere bei der Brockenbahn sehr positiv. Dennoch gab es auch negative Ereignisse. So führte ein Zusammenstoß zweier Züge im Thumkuhlental am 21. August 1994 zu zahlreichen Verletzten.

Von der Inselbahn Langeoog kaufte die HSB 1996 drei Triebwagen und gab ihnen die Nummern 187 011, 012 und 013. Hinzu gesellte sich ein Neubautriebwagen aus dem AW Wittenberge. Er kommt unter der Nummer 187 015 von Nordhausen Nord aus zum Einsatz. Ferner wurden für den Triebwagen 187 025 (NWE-Bezeichnung war T 3) Ersatzteile besorgt, sodass dieser mittlerweile Sonderfahrten übernimmt.

Am 19. Dezember 1996 unterzeichneten die HSB und der Freistaat Thüringen einen Vertrag über den Schienenpersonennahverkehr für den Südharz. Danach wurde mit finanzieller Unterstützung des Freistaats ein ***Triebwagenfahrplan*** für die Strecke Ilfeld – Nordhausen Nord eingerichtet, inklusive drei neuer Haltepunkte: Niedersachswerfen Herkulesmarkt, Niedersachswerfen Ilfelder Straße und Ilfeld Schreiberwiese. Im Jahr 2001 kamen noch Nordhausen Hesseröder Straße und Nordhausen Ricarda-Huch-Straße hinzu. Die HSB befuhr zunächst allein mit den Triebwagen die Strecke 15 Mal am Tag, etwa stündlich. Die Gesamtfahrzeit beträgt circa 30 Minuten. Dieses bequeme, vor allem von Pendlern in die Kreisstadt Nordhausen gern genutzte Nahverkehrsangebot hilft gleichzeitig, die Umwelt zu entlasten.

1999 fanden über ein halbes Jahr lang zahlreiche Veranstaltungen zum Jubiläum ***„100 Jahre Harzquer- und Brockenbahn“*** statt. Diese Marketingaktivitäten erhöhten die Fahrgastzahlen und Einnahmen der HSB im Vergleich zum Vorjahr deutlich um zehn Prozent. Seitdem sind die Zahlen auf diesem hohen Niveau konstant geblieben. Der Kauf von

Jubiläumszug „100 Jahre Harzquer- und Brockenbahn“ am 27. März 1999

Moderner Triebwagen der Harzquerbahn

vier neuen Triebwagen ermöglichte ab Sommer 1999 außerdem ein neues Fahrplansystem mit wieder täglich vier Verbindungen zwischen Nordhausen Nord und Wernigerode.

Zur technischen Absicherung des Zugleitbetriebes zwischen Wernigerode und dem Brocken nahm schrittweise zwischen 1999 und 2002 ein ***elektronisches Stellwerk*** am Bahnhof Wernigerode Westerntor seinen Betrieb auf. Am 30. April 2004 folgte der Abschnitt Nordhausen Nord – Ilfeld. Derart ausgestattet sorgen hier nun ***Zweisystemstadtbahnwagen*** für eine Verbindung zwischen Nordhausen Krankenhaus und dem neu errichteten Haltepunkt Ilfeld Neanderklinik. Diese befahren dabei die bereits seit 2002 durch HSB-Triebwagen für die Fahrt bis auf den Bahnhofsplatz genutzte, neu gebaute Verbindungsstrecke zwischen dem Gleisnetz der HSB und dem Straßenbahnnetz der Stadtwerke Nordhausen. Deutschlandweit erstmalig kommen mit den Zweisystemstadtbahnwagen des Typs „Combino Duo“ Fahrzeuge zum Einsatz, die sowohl auf Straßenbahn- als

Manuelle Weichenstellung (Drei Annen Hohne)

Seit Februar 2006 bittet die HSB sehr erfolgreich mehrere Male im Jahr zur Aufführung der ***„Rockoper Faust"*** auf den Brocken. Der Kulturgenuss im Goethesaal ist verbunden mit einer unterhaltsamen Sonderzugfahrt von und nach Wernigerode. Mittlerweile steht auch „Faust II" auf dem Programm.

auch auf Eisenbahngleisen und die sowohl elektrisch unter Fahrleitung als auch diesel-elektrisch auf der HSB-Strecke fahren können. Dieses neue Angebot erhöhte nochmals die Fahrgastzahlen.

Auch im Bereich der Brockenstrecke ist die HSB bestrebt beispielsweise mit besonderen Veranstaltungen zusätzliche Nachfrage zu schaffen. 2012 feierten zehntausende Gästen das Jubiläum ***„125 Jahre Schmalspurbahnen im Harz"***. Dazu gab es drei große Bahnhofsfeste in Nordhausen, Wernigerode und Gernrode sowie zahlreiche Sonderfahrten.

Durch die Inbetriebnahme neuer ***Bahnsicherungsanlagen*** in Niedersachswerfen und Ilfeld weist der Fahrplan ab 2014 in diesem Bereich deutlich kürzere Reisezeiten aus. Nach dem schweren Eisenbahnunglück in Hordorf zwischen Halberstadt und Magdeburg begann auch die HSB 2014 mit dem Aufbau eines Kollisionswarnsystems, um den Eisenbahnbetrieb noch sicherer zu gestalten. Ebenfalls erfolgten in jenem Jahr erste Arbeiten zur Installation einer ***Echtzeit-Fahrgastinformation***.

Stadtbahnwagen „Combino Duo" am Bahnhof in Nordhausen

Umladebahnhof Wernigerode

Etwa 1,4 Kilometer vom Bahnhof Wernigerode entfernt befand sich an der Regelspurstrecke Wernigerode – Ilsenburg der Umladebahnhof der NWE. Hier stand die Aufrollrampe, mit deren Hilfe schmalspurige Fahrzeuge auf Transportwagen der Deutschen Bahn AG verladen wurden. Auch eine Rollbockgrube und ab 1963 eine Rollwagenrampe existierten. Davor gab es noch eine Umladerampe und ein Abstellgleis für schmalspurige Fahrzeuge. Den Rangierern stand ein kleines Gebäude mit Dienst- und Umkleideräumen zur Verfügung.

Vom Umladebahnhof aus führten Privatanschlussgleise zu den Steinwerken, dem Holzbaubetrieb, dem Sägewerk und dem Fotopapierwerk. Alle Anschlüsse bestanden jeweils aus drei Schienen, sodass eine Schmalspurlokomotive die regelspurigen Güterwagen mittels eines speziellen Zwischenwagens in die Anschlussgleise bringen konnte. 1972 wurden allerdings die Dreischienengleise und Weichen ausgebaut und durch regelspurige ersetzt. Lediglich die Übergabegleise zur Rollwagenrampe und zur Rollbockgrube sowie ein Umfahrgleis blieben schmalspurig.

Folge dieses Umbaus war die Stationierung einer regelspurigen Kleinlok BR 100 auf dem Umladebahnhof, um die Anschlüsse auch weiterhin bedienen zu können. Die Lok erhielt einen Wellblechschuppen als Unterkunft, der aber 1989 abgerissen wurde. Eine Tankstelle für regel- und schmalspurige Dieselloks

Etwa 10 000 m² große Fahrzeughalle am Gießerweg in Wernigerode

steht nun an seiner Stelle. Die Rangiermaschine wurde abgezogen; die wenigen Wagenbewegungen übernahm die Maschine vom Bahnhof Wernigerode mit.

1975 erfolgte die Demontage des vom Bahnhof Westerntor über die Ochsenteichstraße führenden Schmalspurgleises. Gleichzeitig entstand eine neue Verbindung zum Bahnhof Wernigerode. Nun mussten alle Güterzüge in Richtung Harz vom Umladebahnhof aus den Umweg über den Bahnhof Wernigerode in Kauf nehmen.

Nachdem Mitte der 90er Jahre des 20. Jahrhunderts der Güterverkehr auf Schmalspur in Wernigerode zum Erliegen kam, trat auf der Umladung

Lokeinsatzstelle mit Lokschuppen, Drehscheibe und Bekohlungsanlage in der Wernigeröder Bahnhofstraße. Hier werden die Dampfloks angeheizt und entschlackt. Vom Altstadtkreisel aus hat man einen fantastischen Blick auf das Gelände.

Ruhe ein. Nur noch die Tankanlage wurde genutzt. Doch die HSB suchte nach einer neuen Verwendung des Geländes. Und so wurde eine große Fahrzeughalle mit sechs Gleisen und einer Waschanlage errichtet und 2005 in Betrieb genommen. Mehr als 60 Wagen können hier abgestellt werden. Lediglich die Bezeichnung „Bahnhof Wernigerode Westerntor, Bahnhofsteil Spurwechselbahnhof“ erinnert an alte Zeiten.

Der NWE-Bahnhof Nordhausen

Zum Zeitpunkt der Eröffnung der Harzquerbahn war Nordhausen Sitz der Bahngesellschaft und auch der Betriebsleitung. Grund genug, ein repräsentatives Empfangsgebäude mit Gaststätte zu errichten. Es wurde 1913 eingeweiht. Organisatorische Gründe zwangen die Schmalspureisenbahner jedoch bereits drei Jahre später zum Umzug nach Wernigerode, wo die Geschäftsleitung der HSB noch heute ihren Sitz hat.

Der Nordhäuser NWE-Bahnhof hatte zwei überdachte Bahnsteige und einige Abstellgleise für Reisezugwagen. Hier befanden sich auch in den Anfangsjahren die einzigen, bei der Harzquerbahn installierten Ausfahrsignale. Etwas abseits vom Personenbahnhof liegen noch heute der Güterbahnhof mit Rollbockgrube und Umladerampe sowie ein Lokschuppen mit Kohlekran. Güterschuppen und später eine Garage für die bahneigenen Autobusse ergänzten die Anlage. Bis zum Haltepunkt Altentor erstreckten sich noch verschiedene regel- und schmalspurige Abstell- und Anschlussgleise.

Seiner ursprünglichen Bestimmung dient das Gebäude heute nicht mehr. Hier haben sich inzwischen mehrere Einzelhandelsgeschäfte niedergelassen.

Der ehemalige NWE-Bahnhof in Nordhausen

Neubaulokomotive zwischen Tiefenbachmühle und Eisfelder Talmühle

Geschmückter Walpurgiszug in Wernigerode (1995)

Stürmisch zum Walpurgisfest

Die Harzquer- und Brockenbahn ist nicht erst in jüngster Vergangenheit auf große Touristenscharen angewiesen. Seit ihrer Eröffnung 1899 lebt sie zu einem großen Teil vom Fremdenverkehr, der sich anfangs fast von selbst einstellte, da solch eine Gebirgsbahn eine Attraktion war.

Doch schon 1901 musste sich die Betriebsleitung Gedanken machen, wie auch künftig so viele Touristen in die Züge zu locken seien. So bot es sich an, die traditionelle Walpurgisfeier auf dem Brocken mit Sonderfahrten zu koppeln. Am 30. April 1901 startete unter lautem Gejohle vermeintlicher Hexen und Teufel der erste Walpurgiszug am Wernigeröder Bahnhof Westerntor. Eine große Menschenmenge kam, um den geschmückten Zug und die verkleideten Spaßvögel zu bewundern. Hunderte winkende Schaulustige säumten noch die Strecke bis zum Ortsausgang von Hasserode.

Dieses Spektakel wiederholte sich Jahr für Jahr. Unterwegs gabelte man noch etliche Wallfahrer auf, die mit Schnaps und Proviant ausgerüstet und teilweise verkleidet auf den Blocksberg zogen. Der Zug schlängelte sich ab Schierke in gut einstündiger Fahrt den Brocken hinauf, vorbei an Eckerloch, Königsberg und dem Goetheweg, benannt nach einer wagemutigen Wanderung des Faust-Dichters am 10. Dezember 1777 bis auf den Brockengipfel, was damals bei Eis und Schnee kaum jemand riskierte.

Der Brockenwirt verwöhnte mit einem Festmahl pikantester Schleckereien und einige prominente Zeitgenossen unterhielten mit Festreden und Liedern. Im Mittelpunkt aber standen der leibhaftige Diabolus und der zu begrüßende Wonnemonat Mai. Man zechte ausgiebig und führte verwegene Hexentänze auf dem Plateau auf. Gegen 1.30 Uhr fuhr dann der erste Sonderzug zurück. Es gab jedoch immer einige Hartgesottene, die bis zum Morgengrauen durchfeierten und mit einem ausgewachsenen Kater in den müden Knochen erst den Sieben-Uhr-Zug nach Wernigerode nahmen.

In den unzähligen Märchen und Sagen, die im Harz angesiedelt sind,

Walpurgiszug zu Beginn des 20. Jahrhunderts

Walpurgiszug in Drei Annen (2011)

gelten wohl die Hexen als populärste Mythen-Gestalten. Der Glaube ist uralt und hat sich über die Jahrhunderte mehrmals gewandelt, sodass heute kaum noch mit Bestimmtheit zu sagen ist, welchen Ursprung die Mär eigentlich hat. Vermutlich liegen die Wurzeln in der Zeit der Christianisierung durch Karl den Großen, der mit brutaler Gewalt die sogenannten Heiden zum Christentum bekehren wollte.

Diese mussten heimlich ihren Göttern huldigen, von denen Wotan der mächtigste und bekannteste war. Er soll – so die Überlieferung – in der Nacht zum 1. Mai auf dem Brocken seine Hochzeit mit der Fruchtbarkeitsgöttin Freya gefeiert haben. Die Heiden konnten sich auch auf dem Hexentanzplatz (Thale) sicher fühlen und eine Kultstätte einrichten, denn die neuen Herrscher fanden den urwüchsigen Hochharz viel zu unheimlich und furchteinflößend. Im Frühjahr gingen die Frauen dann mit Besen dort hinauf, um den Schnee und damit den Winter wegzufegen sowie die Kultstätten für die Frühlingsfeiern vorzubereiten. Aus ihnen wurden vielleicht in der Phantasie des Volkes die besenberittenen Hexen, die der Leibhaftige in der Nacht zum 1. Mai rief. Johann Wolfgang von Goethe verarbeitete dieses Thema im „Faust", in dem der Herr Urian die zum Brocken ziehenden Hexen erwartet.

Den Gebrüdern Grimm zufolge stammt der Hexenbegriff übrigens noch aus dem Althochdeutschen, wo er mit hagazussa umschrieben wurde. Wörtlich übertragen heißt das so viel wie „die durch Feld und Flur ziehende Schädigerin". Der Sage nach sollen diese bösen Weibsen tagsüber unscheinbare Frauen gewesen sein, die nur zur Walpurgisnacht, dem Ruf ihres Meisters folgend, das eheliche Bett durch den Schornstein verließen und auf einem Besen oder einer Ofengabel durch die Luft zum Brocken ritten.

Vermutlich kommen viele einzelne Komponenten zusammen, die im Volk den Glauben an den Hexen-Sabbat entwickelten, der später vom Klerus für die Inquisition schamlos ausgenutzt wurde. Allein im Harz mussten Hunderte Hexen und Ketzer den Feuertod sterben, der erstmals im „Sachsenspiegel" (um 1225) als Strafe für Teufelskontakt fixiert wurde.

Die heute in vielen Harz-Orten gefeierte Walpurgisnacht nutzen die Menschen, um in lustigen Hexen- und Teufelskostümen ausgelassen den Winter zu vertreiben. Die englische Missionarin Walpurga, die als Äbtissin ins Kloster nach Heidenheim ging und kurz nach ihrem Tod 779 heilig gesprochen wurde, ist die Kalenderheilige des 1. Mai.

Die bedeutendste Walpurgisfeier fand früher stets auf dem Brocken statt, wo bis in den frühen Morgen gezecht, gesungen und rezitiert wurde. Zur Mitternacht erklang dann von der Teufelskanzel die obligatorische Teufelspredigt. Durch die Sonderzüge der Brockenbahn gelangten noch mehr Menschen auf den Gipfel, sodass in manchen Jahren weit über 1 000 Gäste an der Feier teilnahmen.

Seit den 1990er Jahren findet die Walpurgisfeier in Schierke, und nicht auf dem Brocken statt. Sie hat sich mittlerweile zu einem Großereignis entwickelt, das Hobby-Hexen und Freizeit-Teufel aus ganz Deutschland scharenweise anlockt.

Da die Walpurgisfeiern auf dem Brocken stets von politischer Prominenz besucht waren, blieben sie auch von Ereignissen der braunen deutschen Geschichte nicht verschont. So missbrauchte 1933 der Berliner Regierungsrat Dr. Wenzel die Feier für nationalsozialistische Deutschtümelei.

Die Sonderzüge der Brockenbahn fahren seit 1990 wieder im Hexen- und-Teufel-Look. Allerdings ist die Fahrt in Schierke zu Ende. Nur einige Züge mit Gästen zu Feiern in Gebäuden auf dem Brockenplateau fahren bis auf den Gipfel.

Unglück im Thumkuhlental

Sechs Menschenleben forderte das bisher schwerste Unglück in der Geschichte der Harzquer- und Brockenbahn. Am 6. Juli 1927 starben Lokführer Gericke, Heizer Schmidt, Bautechniker Bothe, Regierungsbaumeister Meyer sowie die Fahrgäste Hedwig Zehms (Berlin) und Anna Biermann (Bremen) in den reißenden Fluten des Thumkuhlenbaches zwischen Drei Annen Hohne und Steinerner Renne. Zehn weitere Menschen wurden schwer verletzt ins Krankenhaus Wernigerode gebracht. Was war geschehen?

Gegen 15 Uhr begann es in der Gegend stark zu regnen. Innerhalb kürzester Zeit schwollen die kleinen Gebirgsbäche kräftig an und verwandelten sich in reißende Ströme. So stürzten auch die Wassermassen des Thumkuhlenbaches mit ungewohnter Kraft zu Tal. Dabei unterspülte das reißende Wasser an mehreren Stellen die Gleise der Harzquerbahn. An anderen Stellen des Bahndammes staute sich die Flut und bildete Wirbel.

Da das Wasser lediglich die unteren Bereiche des Dammes aushöhlte, war die Gefahr nicht zu sehen. Die Leitung der NWE entschloss sich dennoch dazu, nur die Lok mit zwei Spezialisten vorsichtig an die Brücke heranfahren zu lassen, um deren Zustand zu kontrollieren. Nach der Rückkehr des „Spähtrupps" gab die Betriebsleitung grünes Licht für die Weiterfahrt.Einer nach dem Unglück schnell verbreiteten amtlichen

Die Unglücksstelle kurz nach der Katastrophe

Ausfahrt aus dem Tunnel im Thumkuhlental

Presseerklärung zufolge fuhren Regierungsbaumeister Meyer und „ein erfahrener Bautechniker" mit. Wörtlich: „Der Zug wurde in langsamer Fahrt zu Tal geführt. Trotzdem hat diese Vorsichtsmaßnahme das Unglück nicht verhindern können."

Zu den Augenzeugen des Unglücks gehörte Gymnasialdirektor Dr. Unterfahrt aus Niebüll, der mit seiner Sekundarklasse in den zweiten Personenwagen eingestiegen war. In der Wernigeröder Zeitung und Intelligenzblatt vom 8. Juli 1927 schilderte er die furchtbaren Augenblicke: „Der Zug fährt in einer Kurve langsam, vorsichtig. Plötzlich sehe ich, wie die Lokomotive in die Tiefe stürzt, spüre, wie Bremsen scharf anziehen, sehe, wie der Packwagen der Maschine nachpoltert, spüre, wie das Erdreich unter mir absinkt, schwinge mich auf die Pforte der Plattform, sehe, wie der Personenwagen vor mir hinabkracht und springe im gleichen Augenblick nach rechts auf den Bahndamm, falle und bin den Bruchteil einer Sekunde gelähmt vor Grauen, schreie: Meine Jungens! Schon springen sie von der hinteren Plattform des schiefhängenden, aus den Schienen gehobenen Wagens, und ich danke Gott, als ihr Ruf mir kündet: Alle zur Stelle! Nie habe ich Gott so gedankt, wie in dem Augenblick."

Durch einen Dammrutsch hervorgerufen, entgleist die Lok um 17.40 Uhr und reißt einen Pack- und einen Personenwagen zwölf Meter in die Tiefe. Bevor nach 20 Minuten die ersten Rettungsmannschaften am

Kurvenreich und entlang steiler Abhänge gestaltet sich die Fahrt durchs Tal

Doppelbespannung mit historischen Wagen zwischen Tunnel und Drei Annen Hohne

Unglücksort eintreffen, sind sechs Menschen in den Fluten des Thumkuhlenbaches ertrunken, da es ihnen nicht gelingt, sich allein aus Wagen oder Lok zu befreien.

Tausende Menschen erwiesen am 9. Juli 1927 auf dem Wernigeröder Marktplatz den Todesopfern die letzte Ehre. Um 15.30 Uhr näherte sich der Leichnamzug aus der Westernstraße, begleitet vom Chopinschen Trauermarsch. Die Fahnen der Stadt wehten auf Halbmast. Zu Füßen des Rathauses standen der Magistrat und das Stadtverordnetenkollegium, die Direktion der Harzquerbahn sowie Vertreter auswärtiger und einheimischer Behörden. „Als Vertreter Sr. Durchlaucht des Fürsten zu Stolberg-Wernigerode war Erbprinz Botho erschienen, der einen Riesenkranz vor den Särgen niederlegte" schrieb die Wernigeröder Zeitung und Intelligenzblatt am 11. Juli 1927. Mit Glockengeläut aller Kirchen wurde die Trauerfeier eingeleitet. Mit einem donnernden Gewitterguss endete sie, während sich der Trauerzug, gefolgt von einer großen Menschenmenge, über die Breite Straße in Richtung Bahnhof bewegte.

Für die überregionale Presse begann jetzt erst die eigentliche Geschichte. Gleich am 11. Juli erschien in der Berliner Morgenpost ein bissiger Kommentar zu dem allgemeinen Abschieben der Unglücksursache auf die schlechte Witterung: „Und die Öffentlichkeit muss Protest erheben gegen diese Karikatur einer Bergbahn, die eigentlich nur durch glückliche Umstände, nicht aber durch Qualität von einer großen Katastrophe bisher verschont geblieben ist." Die Harzquerbahn nehme die höchsten Preise aller Privatbahnen Deutschlands, mache„glänzende Geschäfte" und vernachlässige dennoch sträflich die technische Sicherheit. Die Berliner Morgenpost schrieb von „furchtbar ausgeleierten Gleisen" und „verbrauchtem Wagenmaterial". Das Blatt forderte schließlich eine „gnadenlose Untersuchung".

Diese hatte zu dem Zeitpunkt die Eisenbahnaufsichtsbehörde gemeinsam mit dem Reichsverkehrsministerium bereits abgeschlossen und konstatierte, „dass die Direktion der in Frage kommenden Privatbahn das möglichste getan hat. Mit der Naturkatastrophe hat niemand rechnen können." Auch ein zwei Tage später in der „Welt am Abend" veröffentlichter Bericht über die Aussagen eines Försters zum desolaten Zustand der Gleisdämme änderte nicht mehr viel am Abflauen des öffentlichen Interesses.

Im Frühjahr 1931 wurde der Fall vor dem Landgericht Halberstadt und dem Oberlandesgericht Naumburg verhandelt. Beide Instanzen erkannten die Schadenersatzansprüche der Kläger an, lehnten jedoch die Forderung nach Schmerzensgeld ab. Der Unfall hätte zwar „bei Anwendung der äußersten Vorsicht" vermieden werden können, wurde aber nicht durch Fahrlässigkeit im juristischen Sinne herbeigeführt, da eine Probefahrt stattgefunden hatte. Somit lag „keine unerlaubte Handlung" vor. Beide Parteien gaben sich mit dem Urteil nicht zufrieden und trafen sich vor dem 9. Zivilsenat des Reichsgerichtes wieder. Der damals höchste Gerichtshof wies jedoch beide Revisionen zurück. Das Urteil bekam Rechtskraft.

Die sanierte Mallet 99 5906 in Benneckenstein

„Alte Dame“ verhökert?

Zu Beginn des Jahres 1991 machte eine Mallet-Lokomotive der Harzquer- und Brockenbahn Furore. Die damals 73-jährige 99 5906, die schon längere Zeit auf dem Bahnhof Westerntor in Wernigerode betriebsuntüchtig abgestellt war, sollte verkauft werden. Die Deutsche Reichsbahn bemühte sich um einen Käufer und fand diesen bald im Deutschen Eisenbahnverein Bruchhausen-Vilsen.

Für den Verein aus der Nähe von Bremen gab es keinen Grund, um den Preis lange zu feilschen, denn er war mit 21 000 DM äußerst niedrig angesetzt. Experten schätzten den Wert der „alten Dame“ damals auf weit über 200 000 DM, ja sogar bis zu einer halben Million DM. Weltweit existieren nur noch zwei weitere derartige Maschinen.

Kaum war der mysteriöse Kauf vollzogen, schaltete sich die Untere Denkmalschutzbehörde ein. Immerhin stehe die gesamte Bahn unter Denkmalschutz, meinte Wernigerodes damaliger Kulturamtsleiter Matthias Meißner in einem Zeitungsbeitrag und bezeichnete den Verkauf in einem Brief an das Amt für Materialwirtschaft der DR Berlin als illegal. Nach zu diesem Zeitpunkt noch geltendem Denkmalpflegegesetz vom 19. Juni 1975 hätte die DR zunächst bei der Unteren Denkmalschutzbehörde die Aufhebung des Denkmalstatus der betreffenden Mallet beantragen müssen. Für solch eine Aufhebung hätte Meißner aller-

Die Mallet 99 5906 auf dem Abstellgleis

dings absolut keine Veranlassung gesehen. Obwohl der geforderte Betrag der DR längst gutgeschrieben worden war, blieb die Lokomotive auf dem Westerntorbahnhof in Wernigerode, dank einer einstweiligen Verfügung.

Später verkaufte die DR diese Lokomotive dann noch einmal an die HSB – irrtümlicherweise! Dies verkomplizierte jedoch nur kurzzeitig die Situation. Plötzlich setzten sich alle Beteiligten zusammen und suchten nach einer Lösung. Durch Zufall wurde in Karlsruhe die Lokomotive 7s der Albtalbahn entdeckt. Hierbei handelt es sich um eine der 99 5906 baugleichen Malletlokomotive. Die DR konnte diese Lokomotive von der Albtalbahn kaufen und übergab sie an den Deutschen Eisenbahnverein. Dieser erhob keine Ansprüche mehr auf die 99 5906. So wurden zwei historisch wertvolle Malletlokomotiven erhalten. Die 99 5906 ist seit Dezember 1995 betriebsfähig aufgearbeitet wieder im Netz der Schmalspurbahnen im Harz im Einsatz.

Fototipps

Beginnen Sie Ihre Foto-Session am ruhenden Objekt z. B. auf dem Bahnhof **Drei Annen Hohne** oder **Eisfelder Talmühle**. An diesen Knotenpunkten treffen sich zu etlichen Zeiten mehrere Züge, die hier etwas Aufenthalt haben. Loks rangieren zum Wassernehmen oder Umsetzen ans andere Ende des Zuges und halten viele, leicht zu fotografierende Motive parat. Hingegen bietet die freie Strecke einiges Potenzial für Enttäuschungen. Die 25 km/h der Lok werden z. B. gern unterschätzt. Deshalb: Für scharfe Aufnahmen eine wirklich kurze Belichtungszeit wählen (ab 1/300 sec)! Auch sollte man dem tatsächlichen Beleuchtungswinkel große Aufmerksamkeit schenken, damit Lok und Wagen nicht im Schatten versinken.

Generell ist es leichter, als Objekt Züge zu wählen, die von Wernigerode nach Süden fahren. Zum einen verringern sich auf diese Weise mit der Sonne im Rücken die Beleuchtungsprobleme, zum anderen fahren hier die Dampfrösser überwiegend mit dem Kessel nach vorn. In der Gegenrichtung ist das eher die Ausnahme.

Immer sehr reizvoll sind Motive mit Bauwerken, wie die **Behrebrücke** zwischen Ilfeld-Bad und Netzkater (früh bis vormittags), der **Tunnel am Thumkuhlenkopf** zwischen Steinerner Renne und Drei Annen oder der **ehemalige Brückenkopf** der Südharzeisenbahn bei Sorge. Auch eine **Wasserspiegelung** (oberhalb des Judenteichs kurz vor Harzgerode) oder die **schroffe Felswand** bei Drahtzug bilden stimmungsvolle Kulissen. Den ganzen langen Brockenzug erfasst man komplett in der großen Kehre ca. 1 km nördlich von Drei Annen. Auf der Bergwiese hinter Benneckenstein in Richtung Sophienhof gelingen **Silhouettenfotos** bei Sonnenaufgang.

Bei der Einfahrt in Alexisbad

Selketalbahn

Die 99 6001 mit Reisezugwagen in Drahtzug

Reisezug mit Mallet am Bahnhof Alexisbad (1998)

Geschichte der Selketalbahn

Schwieriger Streckenbau

Auch im östlichen Harz zeigten sich Kommunen und Unternehmen an der Erschließung des Gebirges durch eine Eisenbahn sehr interessiert. Ihnen ging es in erster Linie um die bessere Nutzung der Holz- und Erzreichtümer der Gegend. Nachdem mehrere Pläne zum Bau einer vollspurigen Eisenbahn durch das Selketal gescheitert waren, gründete sich am 10. Mai 1886 die Gernrode-Harzgeroder Eisenbahngesellschaft (GHE). 60 Prozent der Aktien der Gesellschaft gehörten dem Staat Anhalt, dem Kreis Ballenstedt sowie den Städten Gernrode, Harzgerode und Güntersberge.

Nach Vollendung der Harzrandstrecke Ballenstedt – Rieder – Gernrode – Quedlinburg 1884/85 bot es sich an, von Gernrode aus eine Schmalspurstrecke in den Harz zu schaffen. Die GHE beauftragte damit die Gleisbaufirma Hostmann & Co. Hannover. Am 27. September 1886 erfolgte der erste Spatenstich. Die Konzession wurde vom Fürstentum Anhalt am 14. März 1887 erteilt. Trotz erheblicher Schwierigkeiten, bedingt durch die Geländestruktur, gingen die Bauarbeiten zügig voran, sodass bereits am 7. August 1887 die feierliche Eröffnung des 10,2 Kilometer langen Teilstücks ***von Gernrode bis Mägdesprung*** stattfand.

Gegen 65 Prozent der Bruttoeinnahmen übertrug die GHE der Deutschen Eisenbahn-Betriebs-AG Berlin die Betriebsführung. Zur Anfangsausstattung der Bahn zählten drei dreiachsige Henschellokomotiven sowie 23 Reisezugwagen, unter ihnen zehn sogenannte Sommerwagen mit seitlich geöffneten halbhohen Wänden. Sehr schnell stellte sich jedoch heraus, dass diese offenen Fahrzeuge wegen des wechselhaften Wetters nur selten eingesetzt werden konnten. Deshalb baute man einige zu offenen Güterwagen um; der Rest wurde ausgemustert. Ähnliches geschah bei der Harzquerbahn, die fünf vierachsige Sommerwagen besaß.

Der Weiterbau der Strecke gestaltete sich zunehmend schwieriger. So erreichte die Bahn erst am 1. Juli 1888 die Orte ***Alexisbad und Harzgerode***. Von Alexisbad aus wurde, dem Flüsschen Selke folgend, weitergebaut und genau ein Jahr später schließlich ***Silberhütte*** erreicht. Auf die Fertigstellung der sich daran anschließenden 9,3 Kilometer langen Strecke zum Städtchen ***Güntersberge*** mussten Reisende bis zum 1. Juni des Folgejahres warten.

Der geplante Weiterbau in Richtung ***Stiege – Hasselfelde*** hing nun vom Einverständnis des Herzogtums Braunschweig ab, da das Projekt dessen Gebiet betraf. Ein Vertrag musste her, dessen Ratifizierung schließlich am 10. Oktober 1891 zustande kam. Am 1. Mai des folgenden Jahres gelangte der erste Zug der Selketalbahn an den vorläufigen Endpunkt Hasselfelde. Pläne, den Schienenstrang von hier aus weiter nach Rü-

Am Knotenpunkt Eisfelder Talmühle (1997) treffen seit 1905 die Gleise der Harzquerbahn und der Selketalbahn aufeinander.

die Verantwortlichen die Variante von Stiege aus durch das Behretal zur ***Eisfelder Talmühle***. Die Harzquerbahn beteiligte sich am Kostenberg mit 100 000 Mark. 1904 begannen die Bauarbeiten, die knapp zwei Jahre währten. Eine Verzögerung verursachte unter anderem der besonders schneereiche und lange Winter 1904/05. So feierte man erst am 15. Juli 1905 die Eröffnung der Linie.

beland mit Anschluss an die HBE oder von Harzgerode aus weiter nach Wippra im Südharz zu verlängern, blieben illusorisch.

Mit dem bisherigen Ausbau des Streckennetzes wurden neue Lokomotiven gebraucht. So besaß die Bahngesellschaft 1892 sechs gleichartige Henschelloks, alle mit Namen versehen. Die zuletzt gekaufte Maschine hieß „Hasselfelde".

Da sich bald zeigte, dass Stiege und Hasselfelde mehr an einer wirtschaftlichen Zusammenarbeit mit dem Gebiet in Richtung Nordhausen interessiert waren, reiften um die Jahrhundertwende Vorstellungen, die GHE mit der Harzquerbahn zu verbinden. Zur Diskussion stand dabei auch eine Strecke von Hasselfelde über Trautenstein nach Benneckenstein. Allerdings bevorzugten

Gesundes Unternehmen bis zum Ersten Weltkrieg

Da die Strecke einige steile Abschnitte aufweist (zwischen Sternhaus Ramberg und Mägdesprung sogar 1:25), bestellte die GHE, die in der Zwischenzeit die Betriebsführung in eigene Regie übernommen hatte, bei der Firma Borsig drei starke Malletlokomotiven. Sie hießen „Anhalt", „Braunschweig" und „Preußen", nach den von der Bahn berührten Gebieten. Die Harzquerbahn beschaffte sich in den Jahren 1897 bis 1901 zwölf Lokomotiven dieser Bauart.

Im Jahre 1908 ersetzte die Körting-Saugluftbremse die bis dahin bei der Selketalbahn verwendete Seilzugbremse (Heberlein). Die so veränderten Fahrzeuge konnten fortan mit denen der Harzquerbahn gekuppelt werden. Dank dieser Neuheiten entwickelte sich die GHE zu einem gesunden Unternehmen mit steigenden Transportzahlen. Allein 1910 wurden 220 000 Personen und 92 000 Tonnen Güter befördert.

Der Ausbruch des Ersten Weltkrieges stoppte diese positive Entwicklung. Die drei Malletlokomotiven gingen samt Personal an die Heeresfeldbahn und kamen nicht mehr zurück. Zwar konnte die Bahn 1914 noch eine vierachsige, gebrauchte Lokomotive von den Ruhr-Lippe-Eisenbahnen kaufen, musste aber ansonsten mit ihren sechs Loks auskommen. Zudem stand weniger Personal zur Verfügung, während sich andererseits die Beförderungsaufträge von der Rüstungsindustrie (Silberhütte, Harzgerode) häuften. Neun Belegschaftsmitglieder kehrten aus dem Krieg nicht zurück.

Die ***Malletlokomotiven***, benannt nach deren Erfinder Anatole Mallet aus der Schweiz, zeichnen sich durch eine gute Bogenläufigkeit aus, die aus der Verwendung von zwei Triebgestellen resultiert. Eines befindet sich weit hinten fest im Rahmen, das zweite als Drehgestell im Vorderrahmen. Die für Gebirgsbahnen benötigte hohe Zugkraft erreichte Mallet durch die Anordnung von vier Zylindern (für gewöhnliche Strecken genügten zwei).

Am Bahnübergang kurz vor Harzgerode

Zu Sonderfahrten eingesetzter historischer Triebwagen T 3 in Alexisbad

Krisenzeiten meistern

Auch während der Nachkriegszeit besserte sich die Lage kaum. Und so fuhr die GHE bald in die roten Zahlen. Da es anderen Privatbahnen ähnlich erging, schlossen sich 1920 vier von ihnen, darunter die GHE, zur Anhaltinischen Landeseisenbahngesellschaft zusammen. Man half sich gegenseitig und überstand auf diese Weise die Wirtschaftskrise.

Der Zusammenschluss konnte jedoch nicht verhindern, dass auf der Strecke Stiege – Eisfelder Talmühle vom Herbst 1923 an bis Ende 1924 kein einziger Zug rollte. Die Bahn hatte hier monatlich (!) zuletzt nur etwa 300 Personen und 35 Wagenladungen transportiert.

Um die Betriebssicherheit weiterhin gewährleisten zu können, musste die Bahn 1924/25 große Teile des Oberbaus erneuern. 1925 gründete sie einen ***eigenen Kraftverkehr***. Die Busse brachten Reisende an die Zugstationen oder ersetzten wenig benutzte Dampfzüge vollständig. Ende der 1920er Jahre besserte sich die wirtschaftliche Lage, sodass 1928 zwei neue Lokomotiven von der Firma Orenstein & Koppel gekauft werden konnten. Die fünfachsigen Maschinen mit den Betriebsnummern 21 und 22 erreichten ihre Bogenläufigkeit durch schwenkbar gelagerte Endachsen (erste und fünfte Achse).

1931 beschäftigte die GHE 43 Beamte und 79 Arbeiter, darunter 30 in der Gleisunterhaltung und 14 in der Werkstatt. Die Bahn besaß nunmehr neun Lokomotiven, 24 Personenwagen, sechs Gepäckwagen und 101 Güterwagen sowie vier Autobusse und einen Pkw. Vor allem für die Strecke Alexisbad – Stiege besorgte sich die Selketalbahn 1933 einen kleinen, zweiachsigen ***Dieseltriebwagen*** mit 24 Sitzplätzen. Diese Errungenschaft senkte die Kosten, denn der Einsatz eines Dampfzuges hätte pro Kilometer 2,50 RM verschlungen, während für den Triebwagen lediglich 0,35 RM kalkuliert werden mussten. Ursprünglich sollte ein zweiter derartiger Wagen hinzukommen, doch stattdessen vergrößerte man den Bestand um einen weiteren Autobus.

Reparationsleistungen und Wiederaufbau nach 1945

Während des Zweiten Weltkrieges baute die Selketalbahn nahe der Fluorfabrik oberhalb Lindenbergs ein 1,5 Kilometer langes Anschlussgleis zur Flussspatgrube „Herzogschacht". Von den letzten Kriegshandlungen im April 1945 blieb die Bahn verschont. Dennoch ruhte nach Einmarsch amerikanischer Truppen der Eisenbahnverkehr. Ab Mai 1945 fuhren dann wieder Züge durch das Selketal, wenn auch nur für kurze Zeit.

Im Juli besetzten vertragsgemäß sowjetische Truppen den Ostharz. Als Bestandteil der Reparationsleistungen erfolgte ab April 1946 der ***Abbau der Selketalbahn***. Schienen sowie Fahrzeuge wurden für den Transport in die Sowjetunion verladen. Lediglich das Teilstück zwischen Eisfelder Talmühle und Hasselfelde, das die Harzquerbahn übernahm, sowie das Gleis vom Herzogschacht bis nach Lindenberg blieben von diesen Maßnahmen ver-

Schienencabrio auf dem Weg nach Harzgerode

schont. Auf letztgenannter Strecke brachte die Lokomotive „Gernrode" mit mehreren Güterwagen Flussspat nach Lindenberg. Hier übernahmen Lastwagen, die wegen der schlechten Straßenverhältnisse nicht direkt den Schacht erreichten, den Weitertransport. Der Triebwagen der GHE entging durch Zufall der Zwangsumsiedlung in die Sowjetunion, da er zu diesem Zeitpunkt gerade im Lokschuppen am Bahnhof Eisfelder Talmühle stand.

Die Industrie im oberen Selketal hatte durch das Fehlen der Eisenbahn enorme Schwierigkeiten beim Abtransport der Produkte. So gab es im Oktober 1946 Bestrebungen, die ***Bahn wieder aufzubauen***. Da Planum und Brücken vom Abriss verschont geblieben waren, konnte man gleich mit dem Verlegen der Gleise von Alexisbad und Gernrode aus beginnen. Nicht mehr benötigte Werksgleise, beispielsweise aus den Dessauer Junkerswerken, fanden neue Verwendung. Mühsam schleppten Pferdegespanne die Gleise von Ballenstedt aus hinein in den Harz.

Trotz komplizierter Bedingungen gingen die Bauarbeiten gut voran. 1947 lagen bereits wieder sieben Kilometer Gleise auf dieser Strecke. Ein Jahr darauf wurde die GHE enteignet und den Landesbahnen Sachsen-Anhalt unterstellt. Ab 1. April 1949 war dann die DR für die Selketalbahn zuständig. Anfang 1949 trafen sich die Aufbaukolonnen am Haltepunkt Drahtzug. Der Abschnitt von Gernrode nach Lindenberg wurde am 8. März desselben Jahres für den Güterverkehr freigegeben, wenn auch vorerst mit einer Geschwindigkeitsbegrenzung von 10 km/h. Aus Wernigerode besorgten sich die Eisenbahner der GHE Lokomotiven und Wagen, sodass der Reisezugverkehr am 16. Mai 1949 beginnen konnte.

Ab Juli 1950 war auch Harzgerode wieder mit der Eisenbahn erreichbar. Der geplante Weiterbau vom damaligen Lindenberg (ab 1952 Straßberg) in Richtung Güntersberge – Stiege scheiterte am Geld. So endete das Gleis im Flussspatschacht.

Da auch die Harzquerbahn zunächst mit ihren alten Fahrzeugen auskommen musste, versuchten die Eisenbahner aus dem Selketal überregional ihren ***Lok- und Wagenbestand*** zu vergrößern. So gelangten bald mehrere Güterwagen von Schmalspurbahnen aus Gera und Eisfeld in Thüringen zur Verstärkung in den Harz. Auch fanden einst in Tanne verbliebene offene Güterwagen der SHE im Selketal neuen Einsatz. Die angespannte Fahrzeugsituation verbesserte sich, nachdem die Harzquerbahn 1955 neue, stärkere Dampfloks erworben und einige ihrer alten Malletmaschinen nach Gernrode verlegt hatte.

Während nachts auf den Schmalspurgleisen in Wernigerode Ruhe herrschte, rollten im Selketal die Güterwagen rund um die Uhr. Transportiert wurden vor allem Flussspat, Holz- und Metallerzeugnisse sowie Pyrotechnik aus Silberhütte. In den Harz hinein gelangten auf Schienen damals vorrangig Kohle und Metallbarren.

Zwischen Alexisbad und Harzgerode

1963 war dann der akute Güterwagenmangel behoben, da die Harzquerbahn den Rollwagengüterverkehr einführte. Im selben Jahr erwog man, eine Regelspurbahn von Meisdorf durch das Selketal nach Harzgerode zu schaffen. Doch stattdessen entstand nur eine Krananlage in Gernrode, die das manuelle Umladen der Güter erleichterte.

Kampf ums Überleben

1966 wurde der Plan bekannt, die Selketalbahn Anfang der Siebzigerjahre kurzerhand stilllegen zu wollen und anfallende Transporte dem Kraftverkehr zu überlassen. Zahlreiche Proteste, nicht nur seitens der Eisenbahnfreunde, stießen zunächst auf taube Ohren. Die DR ließ „auf Verschleiß fahren". Es gab keine regelmäßigen Wartungen mehr und defekte Fahrzeuge wurden, statt sie zu reparieren, einfach irgendwo abgestellt. Die Lokomotive 99 5902 traf dieses Schicksal und kümmerte in Wernigerode auf einem Abstellgleis vor sich hin. Die Lok 99 5905 wurde sogar ausgemustert und verschrottet. Die Nutzung des Lokschuppens in Harzgerode übertrug man dem Kraftverkehr.

Rettung kam schließlich von „oben". Am 5. September 1972 beschloss das Ministerium für Verkehrswesen der DDR, neben anderen Schmalspurstrecken auch die Selketal- und die Harzquerbahn als ***Technisches Denkmal und Touristenattraktion*** zu erhalten. Auch entschied das Ministerium, die Verbindung zwischen den beiden Harzer Schmalspurbahnen wiederherzustellen.

Wiederaufbau der Strecke Straßberg-Stiege (1983)

Fototermin mit Oldtimerbus: die wieder fahrtüchtige Mallet 99 5902

Dafür musste man erst einmal die über Jahre vernachlässigte Strecke in Ordnung bringen. Ein Unfall am 4. Oktober 1974 in der Nähe des Haltepunktes Drahtzug schob den Termin des Bahnverbundes in die Ferne. Vier Reisezugwagen stürzten so unglücklich um, dass sie große Teile der Gleise beschädigten. Zwei der Wagen mussten verschrottet werden. Glücklicherweise verletzte sich niemand schwer.

Der für die nahe Zukunft in Aussicht gestellte ***Wiederaufbau der Strecke Straßberg – Stiege*** ließ weiter auf sich warten. Erst im September 1981 begannen Forstarbeiter, die ersten ehemaligen Streckenabschnitte vom wuchernden Gestrüpp zu befreien. Ein Jahr darauf rückten endlich Tiefbaubetriebe unter anderem aus Magdeburg, Blankenburg und Wittenberg an, um das neue Planum vorzubereiten. Gleisbautrupps aus Magdeburg montierten gemeinsam mit polnischen Arbeitern am 4. Juni 1983 das erste neue Gleisjoch in Stiege. Eigens für das Projekt baute man die Ladestelle im Steinbruch Unterberg wieder auf, sodass zwei Spezialzüge ständig die Gleisbaustelle mit Schotter versorgen konnten.

Während das alte Empfangsgebäude in Friedrichshöhe abgerissen und durch eine kleine Wartehalle ersetzt wurde, blieben ähnliche Gebäude in Güntersberge und am Albrechtshaus für den Bahnbetrieb bestehen. Die Strecke erhielt eine solch solide Qualität, dass Rollwagengüterzüge problemlos von Stiege über Alexisbad nach Harzgerode fahren konnten. Die Bahnhöfe wurden mit modernen Rückfallweichen ausgestattet.

Jubiläumszug „100 Jahre Selketalbahn" 1987

Nicht zuletzt der Bau des großen Kohleheizwerkes in Silberhütte machte die Rekonstruktion der Linie Straßberg – Stiege letztlich notwendig. Die Gleisbauarbeiten gingen gut voran, und am 29. Oktober 1983 setzte man das letzte Stück Gleis bei der Selkebrücke nahe Straßberg ein. Damit war nun endlich die Verbindung wieder hergestellt und die Selketalbahn auf ihrer gesamten ursprünglichen Streckenlänge von Zügen befahrbar.

Oberhalb des Bahnhofs Stiege baute man dann noch eine Wendeschleife ein, um das Umspannen der Güterzüge aus Nordhausen zu vermeiden. Am 10. Mai 1984 wurde die ***Wendeschleife*** ihrer Bestimmung übergeben. Gut drei Wochen später, zum Fahrplanwechsel, verkehrten die ersten Reisezüge auf der neuen Strecke. In den folgenden Monaten besserten Gleisbauer noch die Strecke Straßberg – Silberhütte – Alexisbad aus. So konnten Rollwagengüterzüge mit den großen Dampfloks und später sogar mit den Dieselloks der Baureihe 199.8 Kohle nach Silberhütte bringen und auf dem Rückweg Flussspat in Straßberg verladen.

Ein großes Volksfest fand anlässlich des ***einhundertjährigen Bestehens der Selketalbahn*** vom 5. bis 16. August 1987 in Gernrode statt. Der Oldtimerzug der Harzquerbahn befuhr, teilweise mit zwei Malletlokomotiven bespannt, an mehreren Tagen die Strecke durch das Selketal. Neben einer Fahrzeug- und einer Modellbahnausstellung gehörten Sonderstempel der Post, verschiedene Bahnsouvenirs und historische Ansichtskartenserien zu den Attraktionen der Festtage.

Anschließend arbeitete man weiter angestrengt an der Strecke, sodass Ende 1988 die großen Harzquerbahnlokomotiven auch den Reisezugverkehr ab Gernrode übernehmen konnten. Den zweiachsigen Triebwagen T 1 der ehemaligen GHE bauten Mitarbeiter des Bahnbetriebswerkes Haldensleben fahrtüchtig auf. Heute übernimmt er noch Sonderfahrten.

Unter dem Dach der Harzer Schmalspurbahnen GmbH

Nach der Wiedervereinigung Deutschlands 1990 veränderte sich mit unzähligen Firmenpleiten die ostdeutsche Industrielandschaft drastisch. Bald wurde kein Flussspat mehr gefördert, im Heizwerk Silberhütte diente nun Erdgas als Brennstoff. Güterzüge fuhren deshalb auf der Selketalbahn nur noch selten. Auch der Reisezugverkehr hatte schon bessere Zeiten gesehen.

Am 1. Februar 1993 übernahm die HSB auch die Selketalbahn. Sie war von allen Strecken im Harz die mit den geringsten Fahrgastzahlen. Um die Strecken effizienter zu gestalten, versuchte man das Leistungsangebot der Bahn mehr den Bedürfnissen der Fahrgäste anzupassen und organisierte verschiedene Sonderveranstaltungen, wie beispielsweise den Einsatz historischer Triebfahrzeuge, Volksfeste zu den Jubiläen 10 Jahre Strecke Straßberg – Stiege und 110 Jahre Selketalbahn.

Mittlerweile gewinnt der Güterverkehr auf der Selketalbahn leicht an Stabilität, da sich die Zusammenarbeit mit dem derzeit einzigen Kunden, den Hartsteinwerken Unterberg, positiv entwickelte. Seit Ende 1993 werden hier wieder Schotter und Planumschutzschicht vor al-

Wendeschleife am Bahnhof Stiege

Reisezug aus Quedlinburg zwischen Bad Suderode und Gernrode

lem nach Nordhausen Nord transportiert; anfangs in regelspurigen Wagen auf Rollwagen und seit Sommer 1998 auf modernen Rollböcken.

Das schwere Hochwasser im Frühjahr 1994 zerstörte erhebliche Teile der Bahnanlagen, unter anderem in Alexisbad und Straßberg. Dank der Unterstützung vieler freiwilliger Helfer sowie von Bund und Land gelang es, die Strecken sehr schnell wieder aufzubauen und in Betrieb zu nehmen.

Überlegungen seit den 1990er Jahren, die Selketalbahn bis Quedlinburg mittels eines Dreischienengleises zu verlängern, erhielten 2003 einen neuen Impuls. Die DB Netz AG strebte, nach einem Stellwerksbrand in Ballenstedt Ost, die Stilllegung der Strecke Frose – Quedlinburg an. Dies war für die HSB eine einmalige Chance. Das Land Sachsen-Anhalt finanzierte den ***Umbau der Regelspurstrecke Gernrode – Quedlinburg auf Schmalspur***, die 2006 in Betrieb genommen werden konnte.

Sie ist seit Jahrzehnten die erste neue reine Schmalspurstrecke in Deutschland für einen regelmäßigen Zugverkehr mit Dampf. Die Fahrgastzahlen im Selketal erhöhten sich bereits im Eröffnungsjahr von circa 100 000 auf etwa 120 000. Durch zahlreiche Sonderangebote steigert die HSB die Attraktivität der Selketalbahn weiter.

Heute verkehren auf der Selketalbahn täglich Dampfzüge und Triebwagen. Am 13. Juni 1998 wurde in Gernrode der 5 555 555. Fahrgast der gesamten Harzer Schmalspurbahnen seit der Privatisierung des Unternehmens 1993 begrüßt.

Die Mallet-Lokomotive

1886 konstruierte der in Frankreich lebende Schweizer Ingenieur Anatole Mallet die nach ihm benannte Lokomotivbauart. Mallet ordnete die hintere Maschinengruppe mit zwei bzw. drei Achsen und zwei Zylindern fest im Lokomotivrahmen an. Die vordere Maschinengruppe dagegen lagerte er beweglich wie ein Drehgestell. Dadurch erreichte der Konstrukteur eine sehr gute Bogenläufigkeit der Maschine. Durch die Verwendung von vier Zylindern, je zwei pro Maschinengruppe, bekamen die Malletlokomotiven die für Gebirgsbahnen nötige Zugkraft.

Der vom Kessel gelieferte Hochdruckdampf wird bei einer Mallet zunächst in die hintere Zylindergruppe geleitet, bevor die vorderen Zylinder die verbleibende Kraft auch für sich noch nutzen. Über bewegliche Schlauchleitungen gelangt der bereits genutzte Niederdruckdampf in die vorderen Zylinder. Gravierender Nachteil dieser Lösung: das sogenannte „Schleudern" bei höheren Geschwindigkeiten. Doch da die Loks im Gebirge ohnehin nur im Schneckentempo fahren können, messen zumindest die Harzquerbahner diesem Umstand eher geringe Bedeutung bei.

Mallet im Bahnbetriebswerk Wernigerode Westerntor. In der imposanten Werkstatthalle aus dem Jahre 1926 (70m x 25m x 11m) wird die gesamte HSB-Technik instand gehalten.

Wartungsarbeiten am Kessel einer Mallet

Die Eisenbahngesellschaften im Harz beschafften sich für ihren Streckendienst vorwiegend Malletmaschinen. Die Harzquerbahn deckte sich zunächst mit zwölf Loks ein. Später folgten noch zwei sechsachsige und zwei vierachsige Maschinen mit je einer Laufachse vorn und hinten. Die GHE kaufte drei Maschinen dieser Bauart und die SHE fünf. Letztgenanntes Unternehmen legte sich später zwei weitere Mallets zu.

Aber auch auf anderen Gleisen waren diese Loks im Einsatz, beispielsweise bei der Härtsfeldbahn in der Schwäbischen Alb und in Bayern. Schließlich baute man sogar regelspurige Mallets für die Schwarzwaldbahn und für das Ausland. Sehr begehrt waren die wendigen Maschinen unter anderem in zahlreichen afrikanischen Ländern und in den USA.

Mallet-Lokomotiven unter Dampf am Bahnhof Westerntor

Die Neubaulokomotive im Detail

Lokomotiven
99 7231 - 99 7247

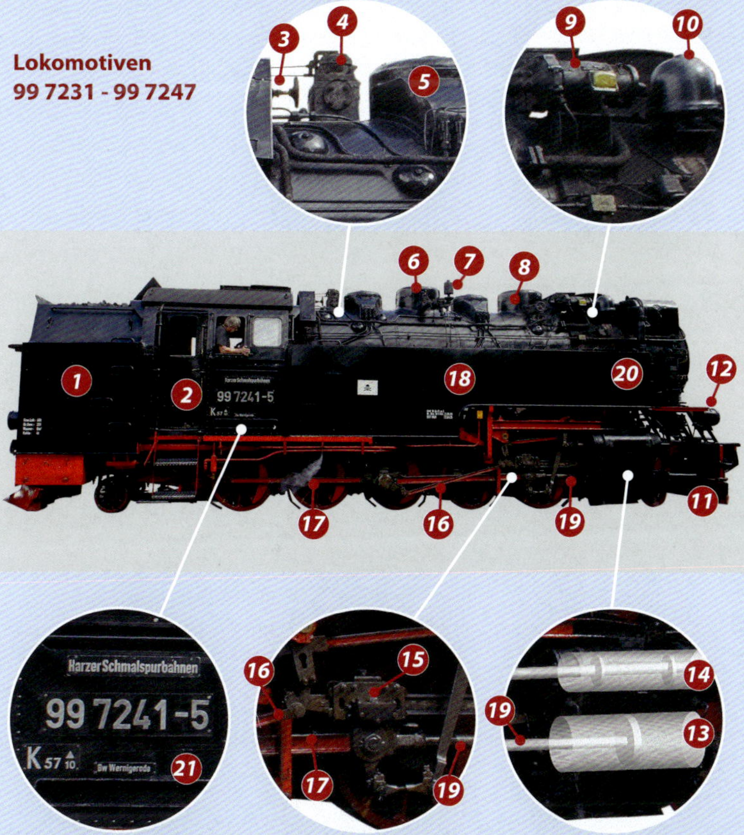

01 - Tender mit Kohlevorrat	08 - Sanddom	15 - Äußere Steuerung
02 - Führerstand	09 - Lichtmaschine	16 - Treibstange
03 - Dampfverteilerkasten	10 - Läutewerk	17 - Kuppelstange
04 - Sicherheitsventile	11 - Bahnräumer	18 - Wasserkasten
05 - Schmiereinrichtungen	12 - Spitzenlichter	19 - Kolbenstange
06 - Dampfdom	13 - Dampfzylinder	20 - Kessel
07 - Dampfpfeife	14 - Schieber	21 - Bezeichnung

ALLGEMEINE INFORMATIONEN ZU DEN NEUBAULOKOMOTIVEN

Masse: 64,5 t	Kesselüberdruck: 14 bar	Baujahr: 1955/56 [1956]
Kohlevorrat: 4 t	Geschwindigkeit: 40 Km/h	Hersteller: VEB Karl-Marx Babelsberg
Wasservorrat: 8 m^3	Typ: 99.23-24	

Malletlok zwischen Elend und Sorge

Die Schneeräumung

Um auch in den Wintermonaten einen reibungslosen Zugverkehr zu gewährleisten, muss Schnee geräumt werden. Früher stattete die Harzquerbahn dazu eine Lokomotive mit einem Spitzpflug aus. Am Ende der Lok befand sich ein weiterer, aus einem Güterwagen umgebauter Schneepflug. Er verbreiterte die vorbereitete Spur. Dieser Konstruktion – von den Eisenbahnern scherzhaft „Kasperbude" genannt – folgte ein älterer Reisezugwagen als Unterkunft für die Schneeräumer.

Etwas moderner ging es im Winter 1977/78 zu. Die Harzquerbahn lieh sich einen polnischen Schmalspurpflug aus, den eine Lokomotive über die verschneiten Gleise schob. Da dieser Pflug allen Erwartungen entsprach, bauten die Wernigeröder Eisenbahner in ihrer Werkstatt am Westerntor einen geschlossenen Güterwagen nach dem Vorbild des Stargarder Wagens um. Seine Jungfernfahrt erlebte der Schneepflug Anfang 1980 unter der Betriebsnummer 99-01-99. Im gleichen Jahr testete man auf der Brockenstrecke auch erstmals eine Schneeschleuder. Sie entstand in gemeinsamer Arbeit des Oberbauwerks Königsborn und des Blankenburger Bahnbetriebswerks aus einem vierachsigen Güterzugpackwagen. Ein völlig neuer und moderner Schneepflugwagen kam erst 1991 aus dem Raw Meiningen nach Wernigerode.

Im Selketal behalf man sich zunächst mit einem angebauten Holzpflug vor einem Bahnmeisterwagen, den Eisenbahner schoben. Auch Holzpflüge mit Pferdebespannung kamen zum Einsatz. Nach 1950 übernahm die Technik der Harzquerbahn die Schneeräumung auf dieser Linie.

Seit 2006 besitzt die HSB eine neue Schneefräse aus der Schweiz, die wesentlich leistungsfähiger als die bisherige Schneeräumtechnik ist.

Zum Schneepflug beidseitig umgebauter Güterwagen (1980)

Fahrzeugbestand der HSB 2015

DAMPFLOKOMOTIVEN

Einheitslokomotive (1E1)	99 7222	
Neubaulokomotiven (1E1)	99 7231 bis 99 7247 (davon sechs nicht betriebsfähig abgestellt)	
Malletlokomotiven	99 5901 (11)	Oldtimerzug
	99 5902 (12)	Oldtimerzug
	99 5903 (13)	nicht betriebsfähig abgestellt
	99 5906 (41)	
Sonstige Dampflokomotiven	99 6001 (21)	
	99 6101 (6)	
	99 6102 (7)	

DIESELLOKOMOTIVEN

	199 010	abgestellt
	199 011	einsatzfähige Rangiermaschine
	199 012	abgestellt
	199 005	abgestellt
	199 006	abgestellt
	199 301 (V 30)	abgestellt
„Rote Kamele“	199 871	abgestellt
	199 861	
	199 872	
	199 874	
	199 877	abgestellt
	199 892	abgestellt
Triebwagen	187 001 (GHE T1)	
	187 025 (NWE T 3)	
	187 011 - 013 (ehem. Langeoog)	
	187 015	Neubau-TW
	187 016 - 019	Neubau-TW
	187 201 - 203	Combino Duo der Verkehrsbetriebe Nordhausen GmbH

Brockenbahn am Goetheweg

Wandertouren an der Schmalspurbahn

Dampfzug am Osterteich

Harzquerbahn-Wanderungen

1 Brocken – Schierke

Zug: zum Brocken
Wanderung: Brocken – Eckerloch – Neuer Weg – Bahnhof Schierke
Zug: von Schierke
Wanderkarte: Seite 79
Wanderstrecke: 8,5 km • ca. 1,5 h

Mit einem Frühzug hinauf zum Brocken. Hier sollte man unbedingt den Rundweg beschreiten und sich die Brockenuhr ansehen. Auf der Brockenchaussee ⚠ abwärts, ca. 200 Meter nach dem Überqueren der Bahngleise rechts in den Wald abbiegen (befestigter Knüppeldamm) ☒ und durch das Eckerloch bis zur Eisenbahnbrücke, hier gerade weiter bis an die Brockenchaussee, auf dieser ein kleines Stück abwärts und in den nächsten Weg links einbiegen, auf dem Neuen Weg hinab nach Schierke und der Ausschilderung zum Bahnhof folgen.

Alternativ: Am Rastplatz vor der Eisenbahnbrücke nach links auf dem Bahnparallelweg 10D bis zum Bahnhof und mit dem Zug zurück (gut einen Kilometer kürzer).

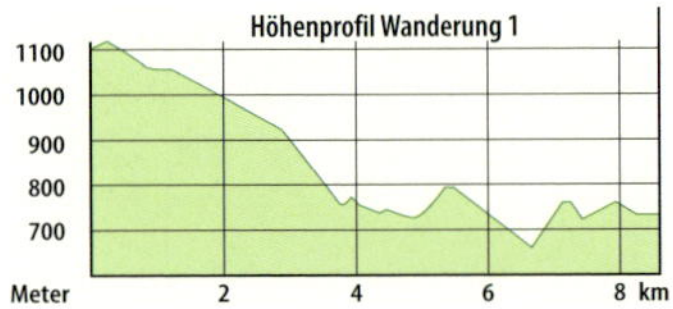

Brockenbahn am Hirtenstieg

Der Brocken (1141 m), Norddeutschlands höchste Erhebung, zieht seit Jahrhunderten Menschen aus nah und fern in seinen Bann. Schuld daran sind nicht zuletzt die Hexen, die vornehmlich in der Walpurgisnacht zum 1. Mai auf den Blocksberg reiten, um ihren Sabbat zu feiern.

Der legendäre Berg präsentiert sich heute zwischen Natur und Technik. Am Eingang zum Nationalpark bestehen dichte Wälder, in etwa 1 000 Metern ist die Baumgrenze erreicht und auf dem Gipfel herrscht subalpine Mattenvegetation. Rauhe Winde und viel Nebel bestimmen das ungewöhnliche Klima. Das älteste Gebäude auf dem Brocken ist das 1736 zum Schutz der Wanderer erbaute Wolkenhäuschen. Als Brockenherberge mit Turmcafé, Aussichtsetage und Touristensaal dient heute der alte Fernsehsender, den die Telekom mit dem Neubau eines Sendegebäudes 1994/95 nicht mehr benötigte. Das moderne Museum Brockenhaus mit Schau- und Vortragsräumen vermittelt Wissenswertes zu Geschichte, Mystik und Natur des Brocken sowie die Philosophie des Nationalparks. Am Bahnhof der Schmalspurbahn beginnt gleich der Brockenrundwanderweg, der auch an Wetterwarte, Brockengarten und Brockenuhr vorbeiführt.

2 Wernigerode – Steinerne Renne – Brocken – Wernigerode

Zug: Wernigerode – Steinerne Renne
Wanderung:
Steinerne Renne – Brocken
Zug: Brocken – Wernigerode
Wanderkarte: Seite 81
Wanderstrecke: 11,8 km • ca. 3 h

Schloss Wernigerode

Mit einem Frühzug von Wernigerode bis Steinerne Renne fahren. Auf dem Fernwanderweg Wernigerode–Brocken–Seesen 11 E direkt an der wildromantischen Steinernen Renne hinauf zum gleichnamigen Gasthaus; an diesem vorbei bis zum ehemaligen Forsthaus Hanneckenbruch; nun links halten 11 D und auf der Chaussee A bis zur Weggabelung, nach links über die Bachbrücke weiter und auf dem Höllenstieg steil ansteigend zum Victor-von-Scheffel-Weg, diesen überqueren und gerade den Berg hinauf bis zum Glashüttenweg. Auf diesem nach rechts weiter bis man unterhalb der Wernigeröder Skihütte auf die Brockenchaussee trifft, dieser nach rechts 10E/11D bis auf den Gipfel folgen. Mit dem Zug zurück nach Wernigerode.

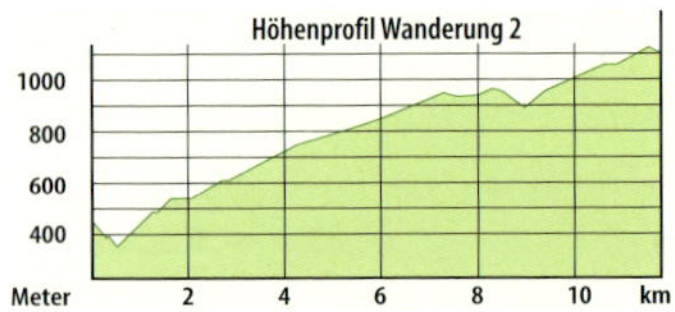

Alternativ: Mit dem Zug nur bis Drei Annen Hohne fahren, um dann von hier aus zu wandern (siehe Wanderung 3 oder 4)

Wernigerode, die „Bunte Stadt am Harz" liegt umgeben von Bergen am Zusammenfluss von Zillierbach und Holtemme. Lange bevor man die reizvolle Innenstadt mit ihren verwinkelten Gassen und bunten Fachwerkhäusern erreicht, grüßt das Schloss aus der Ferne. Hervorgegangen aus einer mittelalterlichen Burg, wurde es mehrfach umgebaut und erhielt 1861 bis 1883 seine jetzige Gestalt im Stil des Historismus. Höhepunkte einer Besichtigung des ehemaligen Grafen- später Fürstensitzes sind der Festsaal und die rekonstruierten Fürstengemächer. Über die Stadtgrenzen hinaus bekannt ist aber vor allem das Rathaus. Der prunkvolle spätgotische Fachwerkbau zählt zu den schönsten deutschen Rathausbauten. Ein Anziehungspunkt ist der Miniaturenpark „Kleiner Harz" im Bürgerpark mit detailgetreuen Modellen ausgewählter Gebäude der Region und der Schmalspurbahn.

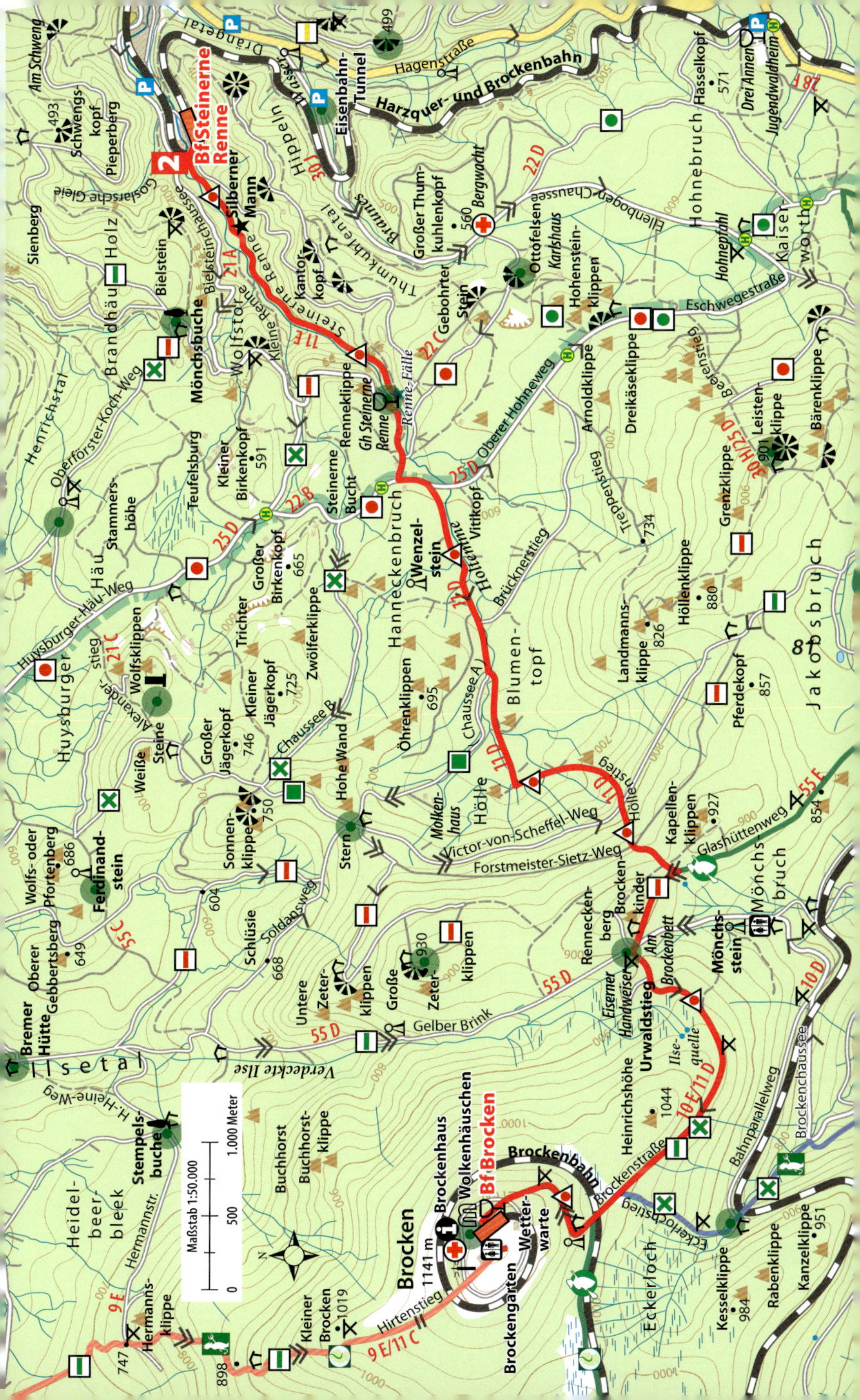

Brocken
1141 m
Bf. Brocken
Brockenhaus
Wolkenhäuschen
Wetterwarte
Brockengarten
Brockenbahn
Brockenstraße
Brockenchaussee
Hirtenstieg
9 E/11 C
Kleiner Brocken
1019
Bf. Steinerne Renne
2
Harzquer- und Brockenbahn
Eisenbahn-Tunnel
Hagenstraße
Drängetal
Hippeln
Silberner Mann
Steinerne Renne
Gh Steinerne Renne
Renneklippe
Renne-Fälle
Wolfstor
Kleine Renne
Bielstein
Bielsteinchaussee
Mönchsbuche
Brandhäu
Holz
Sienberg
Goslarsche Gleie
Am Schweng
Schwengskopf
Pieperberg
493
Kantorkopf
Thumkuhlental
Großer Thumkuhlenkopf
560
Bergwacht
Braunes
Gebohrter Stein
Ottofelsen
Karlshaus
Hohensteinklippen
Ellenbogen-Chaussee
Hohnebruch
Hohnepfahl
Hasselkopf
571
Drei Annen
Jugendwaldheim
Kaiserworth
Eschwegestraße
Oberer Hohneweg
Arnoldklippe
Dreikäseklippe
Leistenklippe
901
Bärenklippe
Grenzklippe
Treppenstieg
734
Höllenklippe
880
Landmannsklippe
826
Pferdekopf
857
Jakobsbruch
Brücknerstieg
Blumentopf
Hanneckenbruch
Wenzelstein
Hoher Weg
Vitikopf
Steinerne Bucht
Kleiner Birkenkopf
591
Großer Birkenkopf
665
Teufelsburg
Stammershöhe
Oberförster-Koch-Weg
Henrichstal
Huysburger-Häu-Weg
Huysburger Häu
Trichter
Zwölferklippe
Kleiner Jägerkopf
725
Großer Jägerkopf
746
Wolfsklippen
Alexanderstieg
Weiße Steine
Chaussee B
Chaussee A
Öhrenklippen
695
Hohe Wand
Molkenhaus
Hölle
Victor-von-Scheffel-Weg
Forstmeister-Sietz-Weg
Höllenstieg
Kapellenklippen
927
Glashüttenweg
Mönchsbruch
854
Sonnenklippe
750
Stern
Ferdinandstein
Wolfs- oder Pfortenberg
686
Oberer Gebbertsberg
649
Schlüsie
604
Soldansweg
668
Untere Zeterklippen
Große Zeterklippen
930
Gelber Brink
Renneckenberg
Brockenkinder
Eiserner Handweiser
Am Brockenbett
Mönchsstein
Urwaldstieg
Ilsequelle
Heinrichshöhe
1044
10 E/11 D
Bahnparallelweg
Eckerlochstieg
Eckerloch
Kesselklippe
984
Rabenklippe
Kanzelklippe
951
Bremer Hütte
Ilsetal
Verdeckte Ilse
H.-Heine-Weg
Stempelsbuche
Buchhorst
Buchhorstklippe
Heidelbeerbleek
Hermannstr.
Hermannsklippe
747
898
Maßstab 1:50.000
0
500
1.000 Meter
N
21 A
11 E
22 C
22 D
22 B
25 D
21 C
11 D
55 C
55 D
55 E
30 H/25 D
10 D
9 E
30 I
28 F

Wernigerode
Tonmühlenteich
Behinderteneinrichtung
Öhrenfeld
Rotheberg
Zehnberg
Spitzer Berg
295
Lange
Ziegenberg
Miniaturenpark
Köhlerteich
Hp Wernigerode
Elmo-Werk
Harz-Klinikum
Bf Westerntor
Baumhof
417
Haidknüll
Sandtal
Jägertal
Kapitelsberg
452
Muhlstieg
Ütschenteich
Hecke
Pahnberghangweg
Weinberg
Kakemieke
Himmelpforte
Ratskopf
Heudeberberg
379
Pahnberg
Kastanienplatz
Sienberg
Schweng
Am Schweng
Eichberg
388
Holtemme
Hp HS Harz
493
Schwengskopf
Oberbecksberg
Braunekohlberg
Holz
Goslarsche Gleie
Pieperberg
Bf Hasserode
Brocken-Bad
Kapitelsberg
402
Ferienpark
Kaiserturm
Mönchsbuche
Bielstein
Bielsteinchaussee
Bf Steinerne Renne
Silberner Mann
Kinderklinik
Schmiedeberg
Armeleuteberg
Försterplatz
Mannsberg
383
Drängetal
Kleine Renne
Steinerne Renne
Kantorkopf
Hippeln
Wasser
Steinbergkopf
Neue Heeg
Schützenberg
488
508
Hilmersberg
Thumkuhlental
Braunes
Eisenbahn-Tunnel
Elversstein
499
Neue Heeg
Steinberg
Großer Thumkuhlenkopf
560
Gebohrter Stein
Bergwacht
Harzquer- und Brockenbahn
Hagenstraße
Fichtenkopf
544
Hüttestieg
H.-Pohl-Weg
Ottofelsen
Karlshaus
Hohensteinklippen
Ellenbogen-Chaussee
Schalholzkopf
Großes Gartental
Wellbornskopf
555
H.-Pohl-Stein
Langes Bruch
Peterstein
Zillierbachtalsperre
Andreasberg
520
Hüttestieg
Eschwegestraße
Hohnebruch
Hasselkopf
571
Hohnepfahl
Steinkopf
521
Schävenholz
Drei Annen
Jugendwaldheim
Zillierbachtal
Kaiserworth
Prinzenhäu
Lehrpfad
Naturerlebniszentrum Hohnehof
Zillierbach
Spitzen-
Drei Annen Hohne
Kiesgrube
Hufeisenhäu
Kirchstieg
Bf Drei Annen Hohne
Ahrendfeld
561
holz
Maßstab 1:50.000
0
500
1.000 Meter
N
50 F
55 A
21 A
30 I
22 C
22 D
10 A
22 E
25 C
10 C
55 E
25 B
10 B
28 F
NL
48 I
3
4

Zug der Brockenbahn hinter Drei Annen Hohne

3 Drei Annen Hohne – Ottofelsen – Wernigerode

Zug: nach Drei Annen Hohne
Wanderung: Drei Annen Hohne – Hohnepfahl – Ottofelsen – Bahnhof Steinerne Renne
Zug: Steinerne Renne – Wernigerode
Wanderkarte: Seite 82
Wanderstrecke: 8,9 km • ca. 2,5 h

Mit dem Zug nach Drei Annen Hohne. Vom Bahnhof bis zur Straßenkreuzung vorgehen, dann links (im Winter Loipeneinstieg) auf dem befestigten Weg ■ zum Naturerlebniszentrum Hohnehof; an diesem vorbei ■ bis zum Wegedreieck am Hohnepfahl; hier links einbiegen und auf der Eschwegestraße entlang bis rechts der Weg ■/■ in Richtung Ottofelsen abzweigt. Nach einem kurzen Abstecher auf den Felsen hinauf weiter zur Bergwacht, am Großen Thumkuhlenkopf vorüber und entlang des Braunen Wassers bis zu den Gleisen der Harzquerbahn. Hier links auf dem Bahnparallelweg 30 J bis zum Bahnhof Steinerne Renne. Mit der Bahn nach Wernigerode.

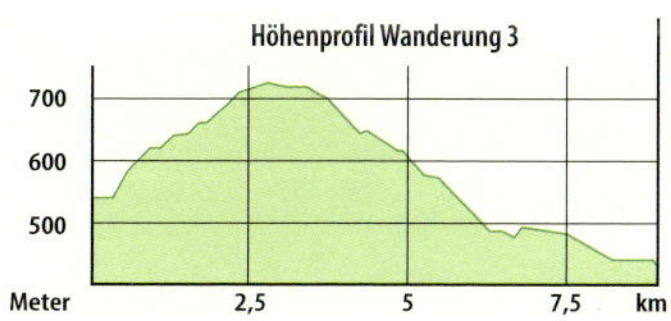

4 Wernigerode – Drei Annen Hohne – Wernigerode

Zug: nach Drei Annen Hohne
Wanderung: Drei Annen Hohne – Zillierbachtalsperre – Hilmersberg – Armeleuteberg – Wernigerode
Wanderkarte: Seite 82
Wanderstrecke: 10,3 km • ca. 3 h

Mit einem Vormittagszug von Wernigerode bis Drei Annen Hohne, wenige Schritte hinter dem Großparkplatz auf der Straße nach Elbingerode entlang bis nach links der Wanderweg abzweigt; dem Lauf

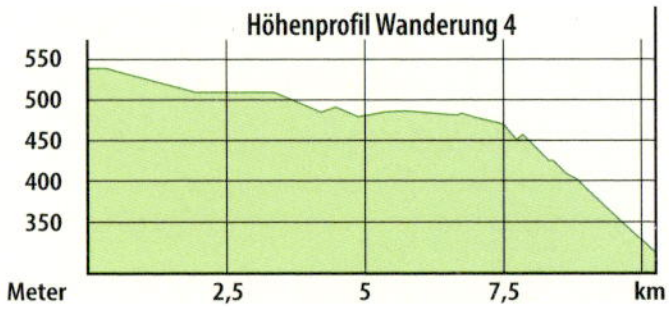

des Zillierbaches folgen ▲ bis zur Zillierbachtalsperre, links am Stausee vorüber und vor der Staumauer links auf dem Herbert-Pohl-Weg über den Hilmersberg ins Kalte Tal. Auf dem Bitumen-Forstweg hinauf zum Försterplatz; nach rechts Abstecher zum Gasthaus Armeleuteberg und weiter zum Kaiserturm (Aussicht über Wernigerode), zurück zum Försterplatz und rechts in die Winde einbiegen bis zur Schutzhütte Marthabuche, hier rechts auf dem Wanderweg ▲ 10 A parallel der Straße durch das Salzbergtal in die Stadt Wernigerode.

5 Elend – Wurmberg – Elend

Zug: nach Elend

Wanderung: Elend – Harzer Hexen-Stieg – Braunlage – Wurmberg – Kaffeehorst – Elend

Wanderkarte: Seite 85

Wanderstrecke: 12,4 km • ca. 3 h

Mit dem Zug bis Elend fahren, zum Beispiel mit einem Vormittagszug von Nordhausen über Eisfelder Talmühle. Vom Bahnhof über die Gleise hinweg und zum Kreisverkehr hinab, an der B 27 (links Holzkirche!) bis zur rechtwinkligen Linkskurve; auf den Harzer Hexen-Stieg Brockenum-

2013 angelegter Speichersee auf dem Wurmberg

gehung rechts einbiegen, der zunächst ein kurzes Stück auf dem Ulmer Weg 25 H verläuft und dann nach links auf der alten Braunlager Straße (28 D) zum Gedenkstein „Grenzöffnung 1989" und zur Talstation der Wurmbergbahn führt; mit der Seilbahn zur Wurmbergspitze. Von der Bergstation zum Harzer Grenzweg absteigen, diesem nach rechts folgen; am Kaffeehorst nach links auf den Ulmer Weg einbiegen, dann erst der Wegemarkierung 30 E, später 25 H folgen bis nach Elend zurück.

Der Wurmberg (971 m) ist die höchste Erhebung des Westharzes. Die Skisprungschanze wurde 2014 wegen Baufälligkeit abgerissen. Vermutungen, der Wurmberg sei bereits in der Bronzezeit eine Kultstätte gewesen, konnten Ausgrabungen nicht bestätigen. Auf den Gipfel führen mehrere Wanderwege und eine moderne Kabinenseilbahn. Sie überwindet in zwölf Minuten auf 2,8 Kilometern 400 Höhenmeter. Etwa auf halber Strecke gibt es die Haltestation am Rodelhaus. Südöstlich des als Wintersportzentrum ausgebauten Gipfels wurde 1995 an der ehemaligen innerdeutschen Grenze auf einem historischen Schmugglerpfad der Rastplatz „Kaffeehorst" errichtet.

6 Nordhausen – Burgruine Hohnstein – Nordhausen

Zug: Nordhausen – Netzkater
Wanderung: Netzkater – Kleiner Habichtsberg – Hohnstein – Ilfeld
Zug: Ilfeld – Nordhausen
Wanderkarte: Seite 87
Wanderstrecke: 10,5 km • ca. 2,5 h

Mit einem Vormittagszug von Nordhausen bis Netzkater fahren. Richtung Osten ● am Steinkohlen-Schaubergwerk „Rabensteiner Stollen" vorüber, entlang des Brandesbachs, dann des Arsbachs ▲ 46 A, vorbei am Kleinen Habichtsberg bis zur großen Wegekreuzung (Schutzhütte, Parkplatz), hier rechts einbiegen ▬ 39 C und bis zur Thiergartenwiese weiter; dort am Wegedreieck rechts zur Burgruine Hohnstein, nach der Besichtigung ein Stück wieder zurück Richtung Thiergartenwiese, an der Kreuzung nach links über 39 C, später 42 J an Neustadt und Osterode (linker Hand) vorüber und bis Ilfeld. Von hier fahren fast stündlich Züge nach Nordhausen zurück.

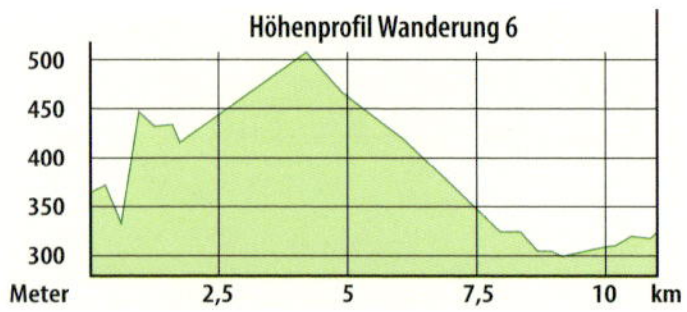

Burgruine Hohnstein

7 Nordhausen – Sophienhof – Nordhausen

Zug: Nordhausen – Netzkater
Wanderung: Netzkater – Sophienhof (Ziegenalm, Almstube)
Zug: Sophienhof – Nordhausen
Wanderkarte: Seite 87
Wanderstrecke: 5,5 km • ca. 1,5 h

Mit einem Zug von Nordhausen nach Netzkater fahren. Vom Bahnhof aus die Forststraße, die zum Rabensteiner Stollen führt, überqueren und auf dem Weg ☒ entlang, rechts neben den Gleisen. Die Gleise und die B 81 überqueren und weiter bis zur Ziegenalm Sophienhof. Von hier durch die Siedlung weiter nach Norden auf dem Weg ☒ 24 G; am Haltepunkt Sophienhof den Zug zurück nach Nordhausen nehmen.

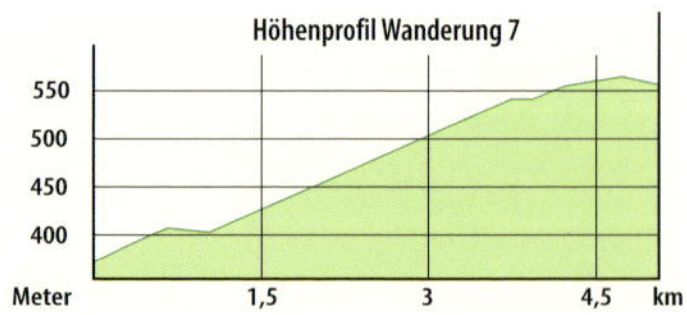

Maßstab 1:50.000
0
500
1.000 Meter
N
Häherhorst
534
HP Sophienhof
Tiefenbach
Tiefenbachtal
Lochtal
ehem. Tiefenbachmühle
Düselsberg
Unterberg
529
Söddelkopf
Zanthierlinde
HP Tiefenbachmühle
Harzquerbahn
Sophienhof
Ziegenalm
508
Selketalbahn
Grauwacke
Steinbruch Unterberg
453
419
Brand
Gr. Schumannstal
503
Kellertalskopf
546
Behrköpfe
Großer Schumannsberg
Bf Eisfelder Talmühle
Großes Teichtal
Birkenmoor
Möhrenrücken
499
495
Butterberg
540
Großer Donnerskopf
515
Pferdehai
Großer Nonnenforst
511
Hagenberg
534
Christianenhaus
87
Herzberg
507
Großer Habichtsberg
519
Netzkater
Runderhäu
Rabensteiner Stollen
HP Netzkater
Netzberg
Sandlünz
515
Brandesbach
Wollberg
Hufhaus
Düringsklippe
Hp Ilfeld-Bad
Kleiner Habichtsberg
543
Steinberg
420
ehem. Talbrauerei
Rabenkopf
545
Arsbach
540
Brockenblick
486
Poppenberg
Wetterfahne
Gänseschnabel
Oberer Bielstein
Hardtköpfe
Hp Neanderklinik
Ilfeld
Kaulberg
510
Unterer Bielstein
Falkenstein
Knippelberg
524
Bf Ilfeld
Großer Lienberg
395
Wiegersdorf
Thiergarten-Wiese
Schlosskopf
Schaubergwerk Lange Wand
Hp Ilfeld-Schreiberwiese
Hohnstein
Solarpark
Graseberg
336
Hagen
Osterode
Naturdenkmal Lange Wand
Ruine Heinrichsburg
Spielberg
289
Neustadt

Selketalbahn-Wanderungen

8 Hasselfelde – Güntersberge – Hasselfelde

Zug: Hasselfelde – Güntersberge
Wanderung: Güntersberge – Allrode – Schillingshai – Kreuzwege – Stiege
Zug: Stiege – Hasselfelde
Wanderkarte: Seite 89
Wanderstrecke: 13,9 km • ca. 3 h

Mit dem Frühzug von Hasselfelde bis nach Güntersberge, hier ein kurzer Abstecher am Bergsee vorbei zum Bodendenkmal Güntersburg, zurück durch den Ort und in Richtung Norden 40 B bis nach Allrode, durch den Ort und im Nordwesten auf den Wanderweg 47 J nach Stiege einbiegen, über den Schillingshai und die Kreuzwege nach Stiege. Vom Bahnhof mit dem Zug zurück nach Hasselfelde.

9 Stiege – Güntersberge – Stiege

Zug: Stiege - Birkenmoor
Wanderung: Birkenmoor – Moortäler – Albrechtshaus – Güntersberge
Zug: Güntersberge – Stiege
Wanderkarte: Seite 89
Wanderstrecke: 9,7 km • ca. 2,5 h

Mit dem Frühzug von Stiege bis zur Haltestelle Birkenmoor, von hier durch die Moortäler (Naturschutzgebiet) zum Albrechtshaus (Holzkapelle im Stil nordischer Stabkirchen). Auf dem Fernwanderweg Selketal-Stieg weiter entlang der Bahnstrecke und am Bergsee vorbei zum Haltepunkt Güntersberge (***alternativ*** auf dem Selketal-Stieg weiter bis Straßberg, 6 km länger). Mit dem Zug zurück nach Stiege.

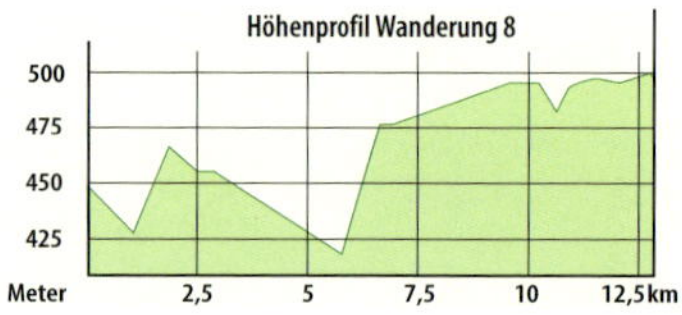

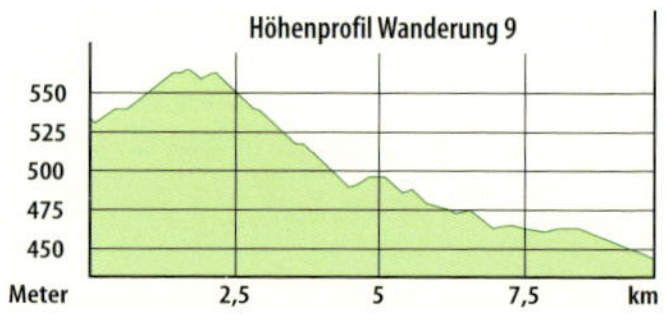

Hasselfelde. Mitten im Harzgebirge liegt auf einer Hochebene der Ort Hasselfelde. Die Harzköhlerei Stemberghaus an der B 81 nach Blankenburg bietet als eine der letzten noch arbeitenden Köhlereien des Harzes Gelegenheit, die Holzverkohlung kennenzulernen. Das erste deutsche Köhlereimuseum gibt Einblick in die Entwicklungsgeschichte dieses Handwerks und in die heute noch schwere Arbeit der Köhler.
Am Ortsausgang Richtung Blankenburg befindet sich der Western-Freizeitpark mit Mainstreet, Fort der US-Army und Tipilager. Auf etwa 100 000 m² wird der Alltag in einer nordamerikanischen Kleinstadt Mitte des 19. Jahrhunderts nachempfunden. Neben dem Showprogramm gibt es viele thematische Veranstaltungen.

Domäne Stiege
Trockenbach
Mammutbaum
Wild-
garten
Schillings-
hai
Steinhornsbach
Allrode
Krugberg
Luppbode
Maßstab 1:50.000
0
500
1.000 Meter
481
Galgenberg
518
491
Niedermühlen-
berg
Pätzwinkel
470
Mittelberg
473
Steinhorn
Kreuzwege
Schenckenberg
Schloss
Kreuzweg-
baude
466
Kalk-
ofen
445
Düstere Wand
Stiege
Schul-
teich
Wendeschleife
Oberteich
Lehrpfad
541
Mühlberg
NSG
Oberes
Selketal
Selketalbahn
Bf Stiege
Alte Eiche
525
510
Langenberg
Klaus-
holz
466
459
Mittelweg
Bärenrode
46 E
Neuehagen
Alte
Schanze
Finkenherd
Netherköpfchen
478
Heimberg
458
Heimberg
Siedlung
Selken-
felde
Hassel
Schanzentannen
Güntersberge
NSG
Oberes Selketal
Straßberg
Schweinshöfe
Brandweinweg
Hohe Straße
HP
Güntersberge
Kaufung
510
Füllenbruch
540
HP
Albrechtshaus
Holzkirche
Albrechtshaus
NSG
Selke
Bf Friedrichs-
höhe
Hasenweg
Bergsee
Mühlberg
481
Martinsberg
Klinge
Riechenberg
429
Bodendenkmal
Güntersburg
HP
Birkenmoor
Moortäler
574
Friedrichshöhe
Kleiner
Stierberg
8
9
242
39 E
42 B/42 C
41 C
42 B
47 J
59 G
40 B
47 F
41 D
41 F
39 D
42 D
47 G
40 A
47 E

10 Harzgerode – Ortsteil Mägdesprung – Harzgerode

Zug: Harzgerode – Mägdesprung
Wanderung: Mägdesprung – Magdtrappe – Harzgerode
Wanderkarte: Seite 90
Wanderstrecke: 7 km • ca. 1,5 h

Mit dem Zug von Harzgerode nach Mägdesprung, von hier auf dem gut beschilderten Selketal-Stieg über Magdtrappe, Pioniertunnel bis zur Verlobungsurne, weiter auf dem Weg nach Harzgerode zurück.

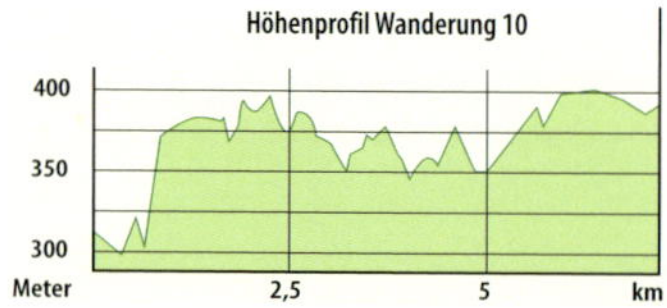

11 Gernrode – Grube Glasebach – Straßberg – Gernrode

Zug: Gernrode – Alexisbad
Wanderung: Alexisbad – Silberhütte – Straßberger Silberhütte – Grube Glasebach – Straßberg
Zug: Straßberg – Gernrode
Wanderkarte: Seite 91
Wanderstrecke: 14,4 km • ca. 3,5 h

Mit dem Zug von Gernrode bis Alexisbad, von hier der Ausschilderung zur Verlobungsurne folgen; die B 242 überqueren, vorbei an der „Schönsicht"-Hütte auf dem Harzklubweg bis zum Waldrand; am nächsten Wegedreieck rechts halten Richtung Silberhütte; an der Lichtung kreuzt ein Harzklubweg, auf diesem wenige Meter nach rechts und dann scharf links durch das

Bachtal bis zum breiten Fahrweg 50 U, auf diesen rechts einbiegen Richtung Silberhütte; am Teufelsteich rechts auf den Weg / 67 F, in Silberhütte hinter den Bahnschienen links auf dem gut ausgeschilderten Selketal-Stieg bis Straßberger Silberhütte, hier wieder nach links die Gleise queren und auf dem Rundweg bis zum Bergwerksmuseum Grube Glasebach (Besichtigung empfehlenswert), dann nach Straßberg hinein, rechts halten zum Haltepunkt Straßberg/Glasebach und zurück mit dem Zug nach Gernrode.

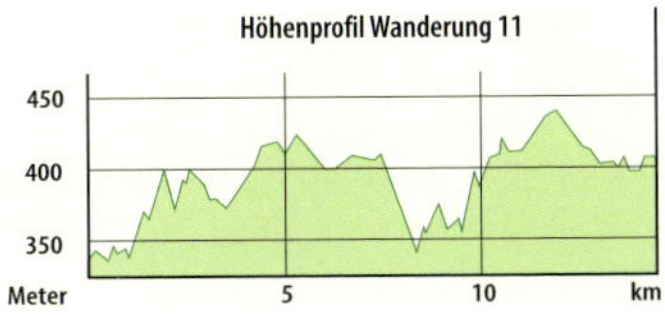

Das Bergwerksmuseum Grube Glasebach in Straßberg ist die einzige Schaubergwerksanlage des Unterharzer Gangerzbergbaus. Zu sehen sind typische Tagesanlagen einer kleinen Erzzeche, wie Schachtförderturm und Lampenstube, sowie eine Ausstellung zum regionalen Montanwesen.

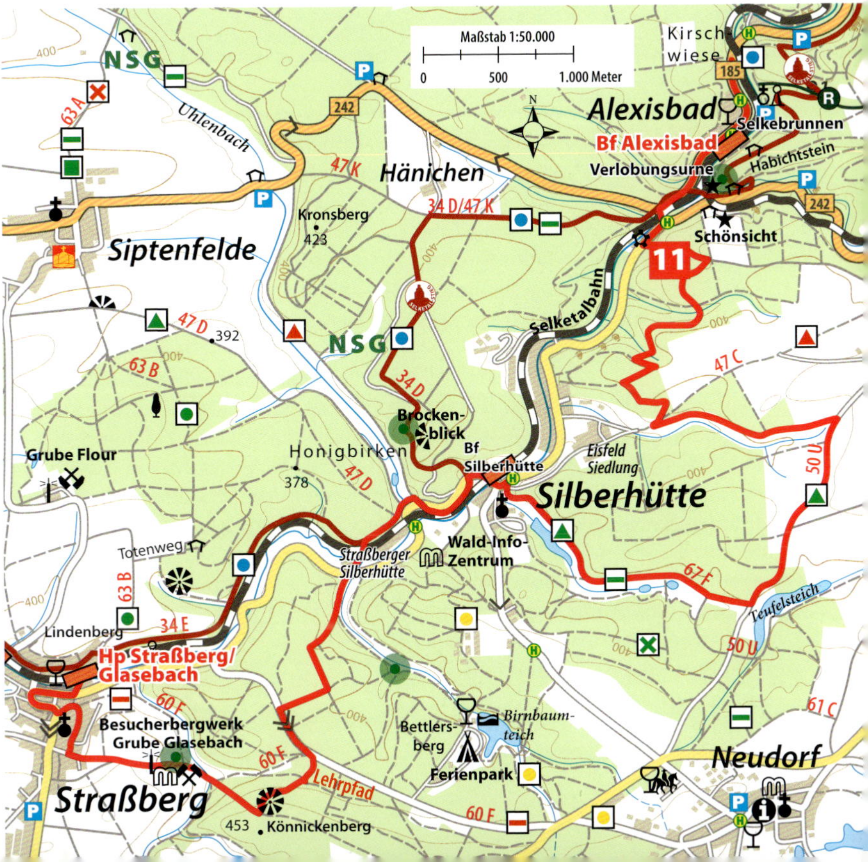

Historischer Triebwagen zwischen Sternhaus Ramberg und Haferfeld

12 Quedlinburg – Burg Falkenstein – Quedlinburg

Zug: Quedlinburg – Mägdesprung
Wanderung: Mägdesprung – Selkemühle – Hohe Warte – Burg Falkenstein – Selketal – Mägdesprung
Zug: Mägdesprung – Quedlinburg
Wanderkarte: Seite 93
Wanderstrecke: 26 km • ca. 8 h

Mit dem Zug von Quedlinburg (oder Gernrode) bis Mägdesprung fahren. Ein Stück in den Ort hinab und am Ersten Hammer links auf dem Selketal-Stieg ins Selketal einbiegen, hier nicht auf der Straße Richtung Selkemühle entlang, sondern am Carlswerk die Selke überqueren und auf dem Fernwanderweg 47 B bis zur ehemaligen Selkemühle (ausgeschilderter Abstecher zur Burgruine Anhalt empfehlenswert). Die Selke überqueren und weiter gerade hinauf auf der Leimuferstraße 47 A zur Hohen Warte, halbrechts auf den Meisdorfer Trift 52 B einbiegen (in etwa 5 Kilometern Abstecher nach rechts zur Selkesicht) und bis zum Eckartsberg, rechts abbiegen 44 B hinab ins Selketal, nach rechts auf dem Selketal-Stieg die Selke überqueren und auf dem Eselsstieg zur Burg Falkenstein (Besichtigung empfehlenswert!), dann zurück ins Tal hinab, links halten, auf dem Selketal-Stieg / 44 C an der Selkemühle vorbei bis Mägdesprung, mit dem Zug nach Quedlinburg (bzw. Gernrode) zurück.

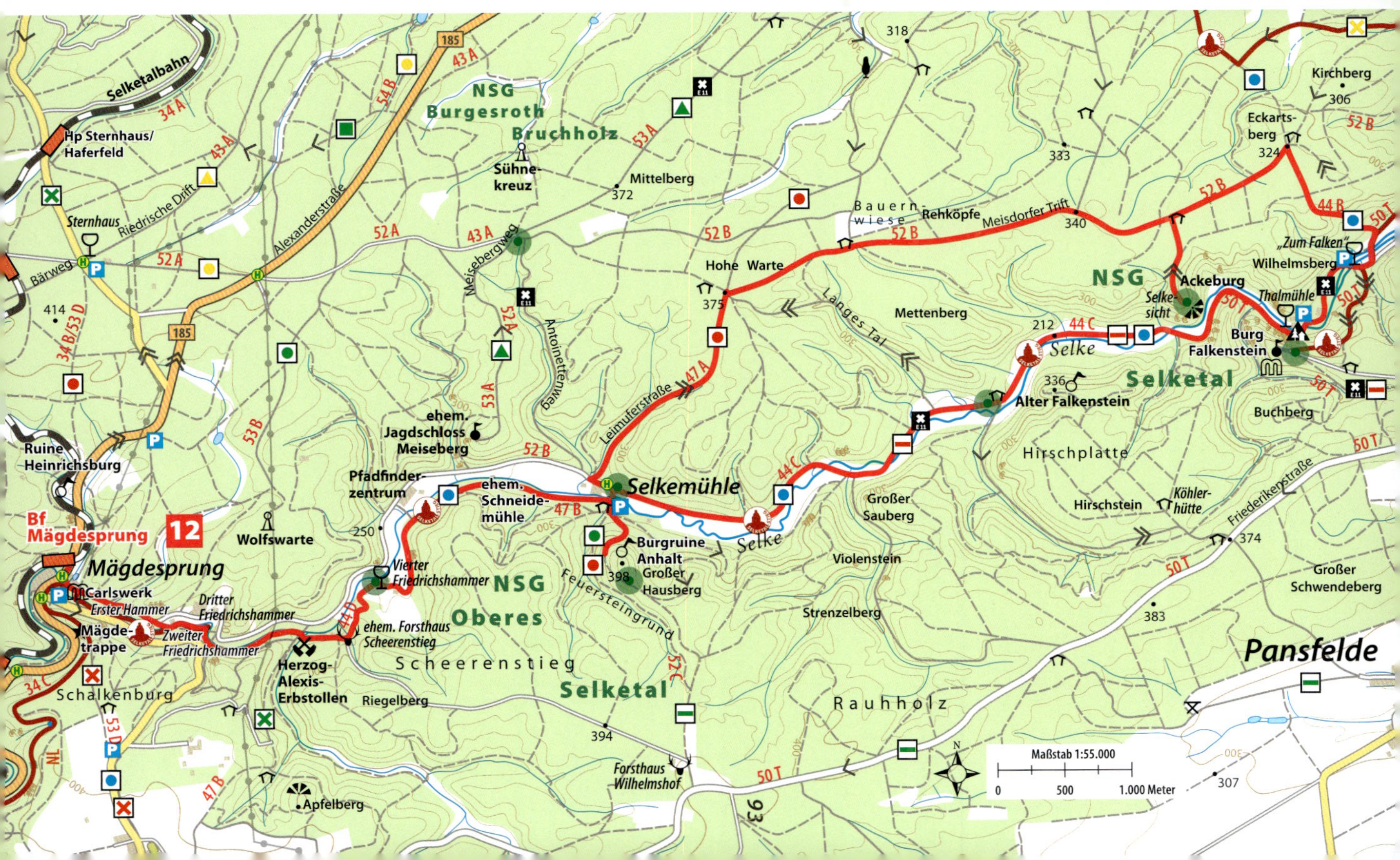
Selketalbahn
Hp Sternhaus/
Haferfeld
Sternhaus
Riedrische Drift
Bärweg
414
Alexanderstraße
185
NSG
Burgesroth
Bruchholz
Sühne-
kreuz
Mittelberg
372
Meisebergweg
Antoinettenweg
ehem.
Jagdschloss
Meiseberg
Ruine
Heinrichsburg
Bf
Mägdesprung
12
Wolfswarte
Mägdesprung
Carlswerk
Erster Hammer
Dritter
Friedrichshammer
Mägde-
trappe
Zweiter
Friedrichshammer
Schalkenburg
Herzog-
Alexis-
Erbstollen
Riegelberg
Apfelberg
Pfadfinder-
zentrum
250
ehem.
Schneide-
mühle
Vierter
Friedrichshammer
NSG
Oberes
Selketal
ehem. Forsthaus
Scheerenstieg
Scheerenstieg
Selkemühle
Burgruine
Anhalt
398
Großer
Hausberg
Feuersteingrund
394
Forsthaus
Wilhelmshof
Leimuferstraße
Hohe Warte
375
Bauern-
wiese
Rehköpfe
Meisdorfer Trift
340
333
318
Langes Tal
Mettenberg
Großer
Sauberg
Violenstein
Strenzelberg
Rauhholz
Selke
212
Alter Falkenstein
336
Hirschplatte
Hirschstein
Köhler-
hütte
Friederikenstraße
374
383
NSG
Ackeburg
Selke-
sicht
Thalmühle
„Zum Falken"
Wilhelmsberg
Burg
Falkenstein
Selketal
Buchberg
Eckarts-
berg
324
Kirchberg
306
Großer
Schwendeberg
Pansfelde
307
Maßstab 1:55.000
0
500
1.000 Meter
N
34 A
43 A
52 A
53 A
54 B
34 B/53 D
53 B
52 B
47 A
47 B
44 B
44 C
44 D
50 T
52 C
53 D
34 C
NL

Tipps und Informationen

Informationen und Fahrkarten

Harzer Schmalspurbahnen GmbH
38855 Wernigerode, Friedrichstraße 151, Tel. (03943) 558-0 • Fax (03943) 558-148
www.hsb-wr.de • E-Mail: info@hsb-wr.de

Dampfläden in der Westernstraße von Wernigerode und im Bahnhof Gernrode und ***Fahrkartenausgaben*** in den Bahnhöfen Wernigerode, Wernigerode-Westerntor, Drei Annen Hohne, Schierke, Brocken und Nordhausen Nord sowie ***HSB-Agenturen*** in zahlreichen Orten
Es gibt Sonderangebote wie die ***HSB-MinigruppenCard***, ***Zeitkarten*** für drei oder fünf Tage, die ***Brocken-Card*** sowie das Selketalbahnticket in Verbindung mit Linienbussen der Harzer Verkehrsbetriebe GmbH (Wernigerode). Reservierungen in Regelzügen sind für größere Gruppen möglich, der Einzelreisende kann sich für einen der zahlreichen ***Traditionssonderzüge*** anmelden.

Das ganz besondere Bahnerlebnis

Am Bahnhof Wernigerode Westerntor werden regelmäßig ***öffentliche Werkstattführungen*** durchgeführt.
Echte Fans können eine ***Führerstand-Mitfahrt*** über 15 Kilometer buchen oder sich zum ***„Ehrenlokführer der HSB“*** ausbilden lassen. Letzteres dauert zehn Tage und beinhaltet Theorie und vor allem Praxis sowie Wartungs- und Pflegearbeiten an einer Dampflok. Der Lokführer in spe wird einer Dampflok und deren Team zugeordnet. Hier bereitet er sich im oft zwölfstündigen Dienst (pro Tag) auf die Abschlussprüfung am zehnten Tag vor. Unentschlossene können einen ***dreitägigen Schnupperkurs*** absolvieren, den man als „Ehrenlokführer-Anwärter“ abschließt.
Freunden von Pauschalreisen bietet die HSB verschiedene ***Wochenendarrangements***. Gruppen erhalten auch „maßgeschneiderte Programme“.

Zum Fuhrpark der HSB gehören auch ein ***Barwagen*** (KBWG 900-483), ein ***Schienencabrio*** sowie ein ***Salonwagen***. Diese können beispielsweise einem Charterzug angeschlossen werden. Der Barwagen eignet sich besonders zur Versorgung von Gruppen, verfügt über einen Tresen und eine Anrichte für Buffets. Der umgebaute offene Güterwagen – das Cabrio – bietet 45 Personen Platz, eine Hälfte kann sitzen, die andere muss stehen. An die 1920er Jahre erinnert der Salonwagen. In ihm können 20 Personen auf bequemen, üppig gepolsterten Sitzen die Fahrt genießen und dabei Speisen und Getränke auf kleinen Tischen abstellen.
Buchungen unter Tel.: 03943/ 558-0, Fax: 03943/ 558148, E-Mail: info@hsb-wr.de

Legende zu den Wanderkarten Seite 79 bis 93

	HSB-Wanderungen (Empfehlungen)
47 A	Harzklub-Nummern • Stempelstelle
	Harzklub-Markierung
	Harzer Hexen-Stieg • Selketal-Stieg
	Harzer Grenzweg • Teufelsstieg

Titelbild: Zug der Brockenbahn am Pfarrstieg bei Schierke

Bibliografische Information Der Deutschen Nationalbibliothek
Die Deutsche Nationalbibliothek verzeichnet diese Publikation in der Deutschen Nationalbibliografie; detaillierte bibliografische Daten sind im Internet über http://dnb.ddb.de abrufbar.

Es fotografierte Thorsten Schmidt
Fotos S. 2, 7 o., 12, 31, 40, 51, 69, 70, 73, 78 Maximilian Schmidt
Abb. S. 24 o., 25, 26, 28, 47, 66, 68, 75 Sammlung Hans Röper
Abb. S. 15, 22, 24 u., 27, 30, 33, 50 Sammlung Hans-Jürgen Steimecke
Abb. S. 14, 17, 18, 19, 21, 34 Archiv Schmidt-Buch-Verlag
Abb. S. 38, 49 Jürgen Korsch
Abb. S. 39 Ulrich Schrader
Abb. S. 37 Ulrich Klaeden

Lektorat: Marion Schmidt

Die Winde 45; 38855 Wernigerode
Tel.: (0 39 43) 2 32 46, Fax: (0 39 43) 4 50 10
E-mail: info@schmidt-buch-verlag.de
7., veränderte und aktualisierte Auflage September 2015, 31. - 35. Tsd.
Layout und Bildbearbeitung: Schmidt-Buch-Verlag, Wernigerode
Druck und Verarbeitung: Grafisches Centrum Cuno GmbH & Co. KG

Internet: www.schmidt-buch-verlag.de

ISBN 978-3-945974-01-8